감성에 디지털을
입혀라

Digital Transformation

감성에 디지털을
입혀라

디지털 트랜스포메이션 시대,
어떻게 생존할 것인가

오진영 지음

KMAC

contents

제1장
조류가
바뀌고 있다

제2장
어종이 바뀌었다, 어선을 바꿔라

제3장
필연성必然性을 높여라

제4장
디지털 누릴 것인가, 눌릴 것인가

제5장
'대박 레시피'와 스마트 실행관리

재패나이제이션과
두 개의 높은 파고

최근 한일관계가 국교정상화 이후 최악으로 치닫고 있다. 일본이 역사적, 정치적인 문제를 경제적 문제로까지 연계시키면서 불합리한 논리와 치졸한 방법으로 한국 경제의 발목을 붙잡고 있다. 나아가 우리나라의 미래 성장을 저해하려 들면서 우리 국민들의 반일反日감정을 자극하고 있는데, 산업계에서는 극일克日과 탈일본脫日本이라는 두 가지 키워드를 이야기하고 있다. 그런데 중요한 것은 극일을 하려면 일본을 알아야 하고, 탈일본을 하려면 우리가 일본보다 앞서거나 의존하지 않아도 되는 실력이 있어야 한다는 점이다.

우리에게 비극적인 것은, 우리의 경제구조가 좋든 싫든 현재로서는 일본에 대한 의존도가 높다는 것과, 더욱 심각한 것은 사회

구조나 산업구조가 일본과 너무나도 유사해 과거 일본이 겪은 잃어버린 20년의 전철을 밟게 될 가능성이 어떠한 나라보다 높다는 것이다.

한때 '재패나이제이션'이란 말이 화두가 된 적이 있다. 재패나이제이션이란, 세계 주요국의 경제가 1990년대부터 장기 침체에 빠졌던 일본의 전철을 따라가는 현상을 말한다. 실제로 일본과 우리나라는 저출산 고령화 등의 사회구조나 주요 산업 구성비 등이 80% 이상 비슷한 싱크로율을 보이고 있어 그 염려가 더 큰 것이다.

하지만 오히려 이러한 면에 주목해서 일본의 사례를 반면교사로 삼는다면, 앞으로 예상되는 제반 문제에 대한 해법을 찾게 될 수도 있을 것이다. 지금 우리와 비슷한 상황에 처했던 일본이 왜 잃어버린 20년의 늪에 빠지게 되었고, 그것을 또 어떻게 극복했는지 그리고 무엇보다도 중요한 것은 그러한 과오를 범하지 않으려면 무엇에 주의해야 하는지 등을 알아 볼 수 있을 것이다.

일본이 뛰어나니 일본을 닮아가자는 것이 아니라, 좋은 것은 참고로 하고, 특히 우리가 미리 대비해야 할 것을 유념해서 찾아보자는 의미에서 일본의 사례는 연구해 볼 가치가 있다고 생각한다.

감성에 디지털을 입혀라

한국과 일본의 유사성

: 인구구조 및 산업 특성이 20년의 시차를 두고 일본을 쫓아감

고령화 진행 추이

주요 제조업 산업 비중

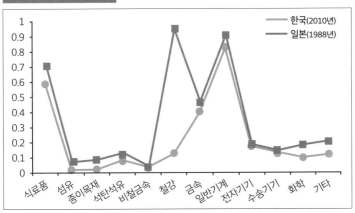

출처: 산업경제연구 제 25권 3호 '일본 초고령사회의 변화과정 분석을 통한 산업구조 예측

고민하는 값

일본에는 '경영의 신'이라 일컬어지는 사람이 3명 있다. 마쓰시타 전기를 설립한 마쓰시타 코노스케, 혼다자동차를 만든 혼다 소이치로, 그리고 아직 생존해 있는 교세라 그룹의 이나모리 카즈오 명예 회장이 그 주인공이다. 그중 '일본식 경영'의 창시자라고도 불리는 마쓰시타 코노스케는 숱한 일화를 남겼다.

그가 파나소닉그룹의 전신인 마쓰시타전기를 설립해 '내쇼날 National'이라는 브랜드를 가지고 가전사업에 주력하고 있었을 때의 일이다. 12월 한 겨울에 선풍기 사업부장을 불러 요즘 실적이 어떤지를 물었다. 사업부장은 당연하다는 듯이 "선풍기는 계절상품이라 겨울은 준비기간입니다"라고 대답을 했다. 아직 수출을 하고 있지 않았던 때이고 그동안은 겨울에 실적이 거의 없는 것은 당연시되어 왔기 때문이다. 그런데 마쓰시타는 갑자기 격노하며 다음 달에 다시 보자하고 내쫓았다. 사업부장은 자신을 해고하기 위한 생트집이라고 생각하며 고민 고민하다가 신경성 장염이 걸려 화장실을 들락거렸다. 한 달쯤 다 되는 어느 날 화장실에 쪼그리고 앉아 있던 사업부장에게 번뜩 스치는 게 있었다. 이 냄새 나는 화장실

감성에 디지털을 입혀라

의 공기를 선풍기를 거꾸로 달아 밖으로 내보내면 겨울에도 사업이 가능할 거라는 생각이 들었다. 한 달 만에 다시 불려간 사업부장은 자신의 아이디어를 가지고 환기 덕을 만들어 계절에 관계없는 사업을 해 보겠다고 계획을 설명했다. 그때 마쓰시타는 "왜 당신이 신입사원보다 월급을 5배나 받고, 큰 방에서 비서를 두며 대우를 받는다고 생각하느냐"고 물었다. 머뭇거리는 사업부장에게 마쓰시타는 말했다.

"당신이 받는 5배의 대우는 고민하는 값이다."

요즘처럼 내수시장의 경기가 안 좋고, 매장에 고객의 발걸음이 뜸해지면, 영업사원들은 실적부진의 원인을 시장 탓, 고객 탓으로 돌리는 경우가 많다. 그러나 경영자는 남의 탓만 하고 있을 수 없다. 새로운 대응책을 고민해서 돌파구를 마련해야 하는 것이다.

지금 거의 모든 경영자들에게 공통된 두 가지의 큰 고민거리가 주어졌다. 다양한 경제 지표가 예측하고 있는 것처럼 저성장기 장기침체 시장에 어떻게 대응할 것인가가 첫 번째이고, 두 번째는 메가 트렌드인 디지털 트랜스포메이션Digital Transformation의 파고를 어떻게 헤쳐 나갈 것인가이다.

가파르고 긴 경사길

'6.8, 5.1, 4.4, 3.4, 2.⋯'

어떤 숫자일까? 짐작하기 힘들겠지만, 김세직 서울대 교수가 계산한 각 정권 말기의 우리나라 10년 장기성장률 수치다. 1995년 이후 지난 20년 동안 우리나라의 장기성장률은 진보·보수에 관계없이 매 정권마다 약 1%포인트씩 하락해왔다. 한마디로 민주화와 사회개혁을 추진했던 김영삼, 김대중, 노무현 정부 때든 CEO 출신으로 경제대통령을 표방했던 이명박 정부 때든 상관없이 지속적으로 하락했고, 임기를 다 채우지는 못했지만, 박근혜 정부 때도 이 법칙은 어김없이 적용됐다. 그렇다면 문재인 정부는 어떨까? 1990년대 초까지 연 8%대의 유래 없는 고도성장을 지속해 왔던 대한민국호가 마치 엔진의 동력이 떨어져 활강하고 있는 비행기처럼 서서히 추락해 가는 추세를 막지 못한다면, 똑같은 5년 1%포인트의 공식이 적용될 수 있다는 것이다. 지금 우리는 국제적인 무역갈등이나 세계 경제의 하강 기조, 그리고 내적으로는 급격한 고령화와 내수시장의 침체 등 대내외적인 여건이 우호적이지 않은 상황이다. 따라서 대한민국 경제를 다시 상향추세로 반등시킬 모멘텀을 찾아야

감성에 디지털을 입혀라

5년 1%p 하락의 법칙
성장엔진의 정체

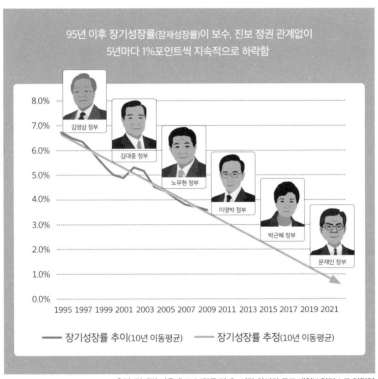

95년 이후 장기성장률(잠재성장률)이 보수, 진보 정권 관계없이
5년마다 1%포인트씩 지속적으로 하락함

김영삼 정부
김대중 정부
노무현 정부
이명박 정부
박근혜 정부
문재인 정부

8.0%
7.0%
6.0%
5.0%
4.0%
3.0%
2.0%
1.0%
0.0%

1995 1997 1999 2001 2003 2005 2007 2009 2011 2013 2015 2017 2019 2021

━━ 장기성장률 추이(10년 이동평균)   ━━ 장기성장률 추정(10년 이동평균)

출처: 김세직 서울대 교수 '한국 경제 : 성장 위기와 구조 개혁' | 일러스트 임덕영

하는 매우 중요한 기로에 서 있다고 할 수 있다.

　사이클 경기를 보면 평지에서는 실력 차이가 크게 나지 않다가, 가파른 경사길을 만나면 우열이 가려지는 것을 볼 수 있다. 호황이 계속 될 때는 국가나 기업의 경쟁력이 어떠한지 구별이 잘 안 되지만 국제 금융위기와 같은 경제적 쇼크, 즉 가파른 경사길에 들어서면 경쟁력의 유무가 단박에 판가름 난다. 한국은 외환위기라는 큰 고비를 국민적인 금 모으기 운동을 비롯해 기업 구조조정과 같은 아픔을 온몸으로 견뎌내며 나름 슬기롭게 극복했다. IMF를 29개월 만에 조기 졸업할 수 있었던 가장 큰 요인은 짧은 오르막길 끝에 내리막이 금방 와 줬기 때문이다. 당시의 세계 경기나 경제상황 등은 지금과는 달리 비교적 우호적인 상황이었던 것이다.

　하지만 우리는 다시 한번 가파른 경사길에 직면하고 있다. 여기서 우려되는 것은 많은 전문가들의 예측처럼 이 경사길이 오래 갈 것이라는 점이다. 우리도 일본의 잃어버린 20년과 같은 긴 정체의 늪에 빠져들고 있지는 않나 하는 우려가 생기는 것은 이 때문이다.

　　　　　　　　　　　　　　　감성에 디지털을 입혀라

또 하나의 쓰나미, 디지털 트랜스포메이션

지금 거의 모든 산업계는 디지털 트랜스포메이션이라는 과제에 직면해 있다. 가끔 경영자들과 대화를 나눠보면 이런 푸념을 한다.

"이제는 최고경영자 조찬회 등에 나가기가 싫다. 이 사람은 이래서 망할 거라 하고 저 사람은 저래서 망할 거라 하고, 큰일 났다고 겁들을 주는데 어떻게 하라는 답을 주는 놈이 없다. 이래도 망하고 저래도 망한다면 내방식대로 하겠다."

모든 분야에 걸쳐 디지털 혁명은 위협적으로 다가오고, 애써 외면하려 해도 쓰나미처럼 밀려오는 메가 트렌드다.

디지털 기술의 발달과 플랫폼 비즈니스의 새로운 생태계가 만들어지고 있는데, 대표적으로 유통산업에서는 엄청난 변화가 일어나고 있다. 늦은 밤 갑자기 필요한 것이 생각나서 주문을 해놓고 자면, 새벽에 현관 앞에 물건이 와 있는 세상이다. 모든 상품과 서비스에는 후기가 달려 있어 제품에 대한 자세한 정보를 확인하고 살

수 있고, 모든 상품의 가격을 한꺼번에 비교해 가장 저렴하고 만족도 높은 상품을 골라서 구입할 수 있다. 물건을 경험하거나 체험해 보고 싶으면 공유사이트를 이용하면 되고, 그러한 서비스를 정기적으로 받고 싶으면 '구독'이라는 방식으로 정기적인 배송서비스를 받을 수 있다. 이제는 고급 외제차도 구독해서 타면 다양한 모델을 돌려가며 탈 수가 있다. 또 무인 편의점이나 상점들이 현실화되고 있고, 무인택배 배달도 가시화하고 있다.

이렇듯 고객의 입장에서 보면 디지털 기술의 발달은 매우 편리하고 매력적이어서 기존 브랜드에 미련을 가질 필요가 없어졌다. 과거에는 안됐거나 상상도 못하던 일들이 기술의 발달로 인해 가능해지고 있기 때문이다.

'잃어버린 20년'의 교훈

최근 일본의 5대 컨설팅 회사를 방문할 기회가 있었다. 그들에게 먼저, 자본과 기술력이 튼튼한 일본 기업들이 왜 무기력하게 '잃어

감성에 디지털을 입혀라

버린 20년'의 장기 불황에 빠졌었는지, 그리고 그동안 컨설팅 회사는 무엇을 했는지 질문을 했다. 우선 돌아온 답이 "우리가 놀았겠느냐"는 것이었다. 나름대로 피눈물 나는 노력을 했고 그 결과 일본 기업의 경쟁력도 상당 부분 높아졌지만, 돌이켜 반성해 보면 그동안 미국은 '공격형 혁신'을 했고 일본은 '수비형 혁신'을 했다는 생각이 든다. 미국이 새로운 생태계를 만들고 새로운 게임의 룰을 만드는 동안 일본은 그들의 특기인 '카이젠(개선)' 활동을 열심히 한 것이다.

그러한 교훈을 토대로 최근 일본이 다시 일어나려고 노력하고 있다. 과거와는 달리 글로벌 트렌드에 능동적으로 대처하고, 나아가 일본식 혁신모델을 새로 구축하는 중이다.

일본의 강점 중 하나는, 메이지明治유신 등 근대화 과정에서도 보듯 선진 문명을 받아들일 때 항상 일본식으로 내재화를 잘 시킨다는 점이다. 경영혁신에 있어서도, 제2차 세계대전 후 미국에서 품질관리 기법을 전수받아, 80년대에는 일본식 품질관리 방법론인 TQM^Total Quality Management을 전 세계 기업들이 벤치마킹할 정도의 수준으로 발전시켰다. 4차 산업혁명을 의미하는 '인더스트리 4.0'도 일본에서는 산업혁명이라는 관점보다는, 각종 디지털 기술의 발전으로 사회가 바뀌는 '소사이어티 5.0'이라고 정의하고 있다. 수렵 사회, 농경 사회, 산업화 사회, 지식 정보화 사회에 이어 5번째 사회로 초연결 사회가 도래했다는 것이다. 일본이 이렇게 스스로의 상황에 맞게 내재화시킨 솔루션은, 앞에서도 언급했듯 사회구조나 산업구조가 유사한 우리에게는 많은 도움이 된다. 그러한 의미에서 일본의 디지털 트랜스포메이션에 성공한 기업들의 사례가 의미 있다는 것이다.

일각에서는 디지털 분야는 한국이 오히려 앞서 있다는 의견도 있다. 하지만 냉정히 들여다보면 전체 산업계의 디지털 역량은 결코 그렇지가 않다. 삼성의 반도체나 통신 등 일부 기업의 성공사례가 그러한 착시현상을 불러온 것이라 생각한다.

4차 산업혁명을 '사회의 변화'로 인식하는 것은 시사하는 점이 많다. 디지털 혁신을 사회 구성원인 고객의 변화를 이끌어 내는 요인으로 본다는 점이다. 환경의 변화가 고객의 라이프 스타일과 가치관까지도 바꾸고 있고, 이에 대응하기 위해 기업들은 강점을 더욱 보강하고 거기에 디지털을 입혀 새로운 가치를 제공하고 있는데, 이러한 유니크한 사례들은 눈여겨 볼만하다.

눌릴 것인가 누릴 것인가

그간 일본의 기업들도 '내수경기의 장기침체'와 '디지털 혁신'이라는 두 가지 문제를 해결하기 위해 고민을 해왔다. 그 과정에서 다양한 시행착오를 거치긴 했지만, 그간의 노력들이 몇 년 전부터 성과로 나타나고 있다. 기업들은 체질개선으로 가시적인 성과를 내고 있고, 고용도 완전고용에 가까운 상황이다. 일본은 경기회복의 기미가 확연히 보이고 있으며, 각자의 사업을 강화하는 기회와 도구로 디지털 트랜스포메이션을 잘 활용하고 있다.

나는 이 책에서 두 가지 관점에서 일본을 반면교사로 삼자고 제안을 하고자 한다.

첫 번째, 한국도 시장경기의 장기 침체가 염려되는 시점에서, 일본이 '잃어버린 20년' 동안 해 왔던 '헛발질'이 우리의 대응 방안에 어떠한 메시지를 줄 수 있는지 찾아보자는 것이다.

또 다른 하나는 디지털 트랜스포메이션의 방식에 대한 부분이다. 일본의 전통기업들은 세계적인 IT기업을 모방하는 데에 힘쓰는 것이 아니라, 감성에 디지털을 입히는 방식으로 자신만의 아이덴티티를 강화하는데 성공해왔다. 즉 디지털과 아날로그의 균형을 이룬

성공사례들을 가지고 있다. 이렇게 내재화라는 '원쿠션'을 넣어 전달하는 일본 선진기업들의 사례를 살펴 본다면 디지털 혁신에 임하는 우리 기업의 혼란과 시행착오를 많이 줄일 수 있을 것으로 기대가 된다.

경기 침체와 디지털 혁명이라는 두 개의 파고에 휩쓸리지 않기 위해서는 할 수만 있다면 파도에 올라타는 것이 가장 현명한 방법일 것이다.

디지털이라는 파고에 '눌릴 것인가', 아니면 오히려 혁신의 도구로 삼아 '누릴 것인가'.

우리는 지금 선택의 기로에 서 있다.

감성에 디지털을 입혀라

큰 물고기가 강한 것이 아니라,
세상의 변화에 기민하게 대처하는
빠른 물고기가 더 강하다.

_클라우드 슈밥 세계경제포럼 회장

1장

조류가
바뀌고 있다

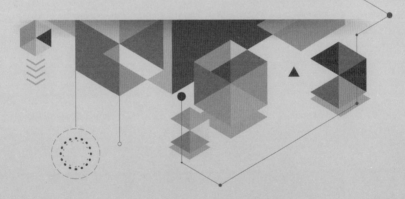

명태가 사라졌다

우리나라는 지난 100년 간 전 세계 평균 기온상승 온도의 2배가 넘는 1.5도가 상승해 가장 심각한 온난화를 겪고 있는 지역 중 하나가 되었다. 이미 한국의 기온이 아열대로 변하고 있다는 징후는 곳곳에서 나타나고 있다.

1970~80년대만 해도 '사과'하면 대구를 꼽았다. 대구는 전국 사과 생산량의 20%를 차지했었고, '사과 아가씨'가 있는 미인도시라는 인식도 있었다. 하지만 이제 '사과 미인'은 훨씬 올라간 강원도에 가서 찾아야 할 형국이다. 또한 제주도에서나 수확이 가능했던

조류의 변화에 따른 어종의 변화

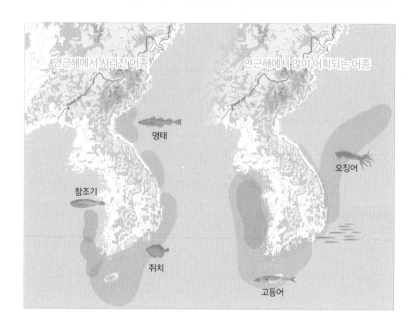

바나나와 한라봉도 이제는 내륙에서도 자라고 있다. 이처럼 농작물의 재배 한계선이 북상하고 있는 가운데 내륙 일부분을 뺀 대부분의 지역이 아열대 기후로 변할 것으로 전망하고 있다. 그런데 기후의 변화는 육지는 물론 해수의 온도에도 영향을 미쳐 조류도 변하

감성에 디지털을 입혀라

고 있다. 바다 속 생태계에도 큰 변화가 일어나고 있는 것이다.

'2008년 명태 어획량 0마리'

생태, 동태, 선태, 찐태, 노가리, 북어, 코다리, 망태, 조태, 짝태, 먹태 등 '명태'는 부르는 이름과 그 조리방법에 따른 이름도 참 다양하다. 불과 30~40년 전만 해도 명태는 세계에서 가장 어획량이 많은 어류였고, 우리나라도 1980년대 초반엔 16만5000톤이라는 기록적인 어획량을 보이기도 했다. 하지만 그물만 던지면 잡히던 명태가 이제는 우리나라 바다에서는 잡히지 않은 지 오래 됐다. 어획량이 급감하더니 급기야 2008년엔 명태가 아예 사라져버린 것이다.

이에 자연산 어미 명태 1마리에 50만 원의 현상금까지 붙는 웃지 못할 풍경도 펼쳐졌다. 정부는 2014년 '명태 살리기 프로젝트'를 시작하면서 2015년 30만 마리의 치어를 방류했지만 얼마 후 잡힌 명태는 고작 3마리에 불과했다.

그 많던 명태는 다 어디로 간 것일까. 이제는 동해안에서 명태 대신 오징어가 잡히고 영광 굴비로 유명한 서해안의 조기도 고등어로 바뀐 지 오래다. 이미 제주 바다에서도 아열대 해역인 필리핀과 대만 연안에서 주로 잡히는 대표적인 어종인 청줄돔, 가시복, 철갑

둥어 등 아열대 어종이 큰 폭으로 늘어 어획물의 40% 이상을 차지하고 있다. 기후가 바뀌어 조류가 바뀌었고, 조류가 바뀌어 이제까지와는 다른 어종들이 나오게 된 것이다.

기업경영에 있어서도 조류의 변화와 같은 메가 트렌드가 있다. 그런데 이미 사라진 명태를 찾아 헤매는 것과 같이 과거의 고객에게 통했던 성공방식에 집착하는 우(愚)를 범해서는 안 된다.

조류가 변하면 어종이 달라지듯 환경이 변하면 고객도 달라진다. 지금과 같은 격동기에는 고객들의 가치기준, 구매 패턴 등이 크게 변해 이미 예전의 고객이 아니다. 고객이 변하는 것을 인지하는 것도 중요하지만, 더 중요한 것은 달라진 고객에 맞춰 경영 방식도 바꿔야 한다는 점이다. 마치 과거의 어종인 명태는 그물로 잡았지만, 새로 등장한 오징어는 밤에 집광등을 달고 낚시로 잡아야 하는 것처럼 말이다. 디지털 혁신에 따른 조류의 변화를 직시하고, 달라진 고객에게 선택받기 위한 대응전략을 세워야 하는 것이다.

일본은 장기 불황의 늪에 빠져드는 초기에, 이 조류의 변화를 애써 외면하고 기존의 방식을 고집하다가 '잃어버린 10년'이라는 시간을 허비했다. 이미 사라진 명태를 잡으러 더 멀리, 더 열심히 바

감성에 디지털을 입혀라

다를 헤매다가 더 이상 명태를 잡아서는 못 산다는 것을 깨닫기까지 10년이 걸린 것이다.

산업계에도 마치 쓰나미와 같이 거스를 수 없는 거대한 조류가 서서히, 분야에 따라서는 급속도로 생태계를 변화시키고 있다. 이러한 변화는 고객을 변화시키고 있다. 기존 고객들이 명태가 사라지듯 순식간에 사라지는 현상을 불러일으킬 수도 있다.

고객이 사라졌다

'82825(빨리빨리와)' '075(공치러 가자)' '1010235(열렬히 사모)'….

과거 '삐삐Beeper'를 기억하는가. 삐삐는 무선호출기로 1990년대 초 신세대들의 새로운 연애 수단이자 커뮤니케이션에 획기적인 변화를 불러온 기기였다. 삐삐는 10자리 내외의 숫자로 연락받기 원하는 전화번호를 전송하는 단방향 통신 무선호출기로, TV 드라마 '응답하라 1997'을 보면 그 용도와 활용가치를 알 수 있는 젊은이들의 필수품이었다.

이 때 무선호출기를 만들던 모토로라는 최고의 전성기를 구가했고, 삐삐 제조사들은 수신능력을 핵심경쟁력으로 삼아 음성메시지와 문자 등의 기능 추가에 열을 올렸었다. 당시 ○○텔레콤, △△이동통신 등은 매년 초고속성장을 하는 가장 잘나가는 회사였고 최고 수준의 연봉을 받는 선망의 직장이었다.

그런데 통신기술의 발달로 휴대전화가 등장하면서 단 2년 사이에 무려 1500만 명에 달하던 고객이 신기루처럼 사라졌다. 믿어지는가. 어쩌면 제품의 역사상 가장 드라마틱한 변화라는 생각이 든다.

본격적인 휴대폰 시대가 열리기에 앞서 전화 발신만 되는 시티

삐삐 잡은 휴대전화

삐삐의 운명

삐삐산업의 선도업체들

• 호출기의 수신능력을
핵심경쟁력으로
음성메시지, 문자 등
기능추가에 열올려

휴대전화 보급으로 지구에서 사라졌다.

휴대전화의 등장

휴대전화는 삐삐산업에 대한 와해성 기술

• 초기엔 열악하고
시장도 미약
• '통화기능'이란
독보적 기능으로
삐삐시장을 일시에 와해!

감성에 디지털을 입혀라

폰과 PCS라는 이름의 휴대전화가 등장했지만 통화품질에 문제가 많았다. 그럼에도 불구하고 PCS는 무선 통화가 가능하다는 역량파괴적 기능을 바탕으로 삐삐시장을 일시에 와해시켰다. 아무리 수신능력이 뛰어나고 다양한 기능을 가진 삐삐를 만든다고 해도 이미 고객들은 다른 세상으로 순식간에 옮겨가버린 것이다. 이동통신기술 발달이라는 거대한 조류의 변화를 직시하고 선제적으로 대응했던 모토롤라나 LG전자 등은 휴대폰 시장이라는 새로운 바다에서 호황을 누렸으나, 이들 또한 새로 등장하는 스마트폰 시장에서는 적시에 대응하지 못해 혹독한 시련을 겪게 된다.

스마트 쇼크

여기 휴대폰 시대와 스마트폰 시대를 대변하는 비슷한 상황의 사진이 두 컷 있다. 오바마 대통령 취임식 사진인데, 1기 취임식이 있었던 2009년은 아직 휴대폰 시대여서인지 모든 사람이 취임식장에서 다른 행동 없이 정면을 바라보고 있다.

핸드폰 시대 vs 스마트폰 시대

출처: 온라인커뮤니티

한편 2기 취임식이 있던 2013년 사진을 보자. 이 때는 이미 스마트폰이 일반화된 시기로 잠시라도 짬이 나면 모두 고개를 숙이고 자신의 세계로 빠져들고 있다. 이 두 사진의 상황 차이가 전자산업계에는 엄청난 파장을 몰고 왔다.

감성에 디지털을 입혀라

스마트 쇼크(노키아의 몰락)

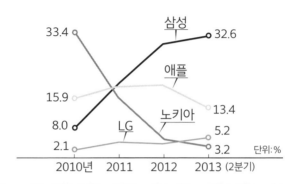

스마트폰 시장 점유율

노키아의 휴대폰 부문 마켓쉐어가 세계시장에서 3년 만에 10분의 1토막이 나서 매각이 되고, 워크맨, 디카로 명성을 떨치던 소니의 주가가 정크등급까지 떨어지는가 하면 가장 혁신적인 기업의 대명사였던 닌텐도가 50년 만에 적자로 전락하는 등 전 세계는 '스마트 쇼크'로 몸살을 앓았다.

이러한 변화는 단지 전자업계뿐 아니라 사회 전반에도 커다란 변화를 몰고 왔다. 스마트폰은 카메라, 내비게이션, 음악, 게임 등 모든 기능을 탑재하면서 업계의 포식자가 되었고, 스마트폰뱅킹이 주류를 이루면서 은행 지점들은 문을 닫고 있다. 이러한 역량파괴적 변화는 앞으로도 계속해서 일어날 것이다.

조류의 변화, 디지털 트랜스포메이션

이제 '4차 산업혁명' 혹은 '인더스트리 4.0'이라는 단어는 더 이상 낯설지 않을 정도로 매스컴에 자주 등장하는 말이 되었다. 중기, 전기, 컴퓨터의 발명으로 대량생산 및 정보화 혁명을 이루었던 과거의 산업혁명에서 나아가, 4차 산업혁명은 ICT 기반의 초지능, 초연결, 탈경계를 키워드로 하는 스마트 혁명이다.

다양한 디지털 기술의 발달로 새로운 개념의 비즈니스들이 등장하면서 2025년에는 디지털 경제가 25%를 차지할 것이라는 예상이 나올 정도로 급속도로 확산되고 있다. 기업들은 비즈니스 모델과 업무 프로세스, 조직문화에 이르기까지 디지털 기반으로 경영 전반을 혁신하는 디지털 트랜스포메이션Digital Transformation에 내몰리고

감성에 디지털을 입혀라

디지털 트랜스포메이션(Digital Transformation)

디지털 기술의 발전으로 일어나는 변화에 대응하기 위해, 기업이 디지털을 기반으로
비즈니스 모델과 서비스, 업무 프로세스, 조직문화 등을 혁신하는 것

고객 경험의 Digital Transformation	제품(상품)의 Digital Transformation
업무 프로세스의 Digital Transformation	비즈니스 모델의 Digital Transformation

있다. 제품 및 서비스, 비즈니스 모델, 운영관리 프로세스, 고객 경험에 이르기까지 디지털 트랜스포메이션 한다는 것은 전통 산업의 경영자들에게는 쉽지 않은 과제다.

그러나 역량 파괴적 기술이 기존의 전략을 무력화시키고, 무엇보다도 새로운 상품과 서비스가 고객의 의식과 행동, 라이프스타일을 변화시키고 있기 때문에 기업 생존의 선택이 아닌 필수조건이 되었다.

한국의 전경련 격인 일본의 경단련(경제인단체 연합회)이 작성한

보고서에서는 4차 산업혁명시대를 맞이해 필요한 역량으로 디지털 대응력, 글로벌 대응력, 이노베이션 창출력을 들고 있다. 이 중 가장 시급한 부분이 디지털 대응력이다. 이는 빅데이터, 클라우드 컴퓨팅, 인공지능, 사물인터넷, 가상현실 등 다양한 디지털 기술의 문제뿐 아니라, 조직문화와 직원들의 역량이 디지털화돼야 한다는 것이다.

신(神)의 흉내를 내지 마라

최근 경영상 주요 사안의 의사결정자인 임원의 해고사유가 바뀌었다고 한다. 그 해고사유를 보면 우선 '부정을 저질렀을 경우' 그리고 '직장 내 성적인 문제를 일으켰을 경우', 마지막 하나는 '감히 신神의 흉내를 낼 경우'이다.

앞의 두 가지는 기존의 것과 다를 바 없다지만 마지막 해고 사유는 무척 생소한 말인데, 내용인즉, '지금과 같이 급변하고 복잡·다

감성에 디지털을 입혀라

양한 시대에 어떻게 자신의 감이나 촉, 그리고 이미 유통기한이 지나버린 옛날 경험과 지식을 가지고 중요한 의사결정을 하려 드느냐'하는 것이다. 한 마디로 개인의 주관적인 생각보다는 데이터에 의거해 판단하라는 비유의 말이다. 많은 전략적 판단과 결정을 해야 하는 경영자의 '디지털 대응력'이 무엇보다도 중요하다는 것을 단적으로 이야기하고 있다.

또한 디지털 혁신이 경영층이나 IT 부서, 전략 기획 담당자들만의 일이 돼선 안 된다. 회사의 모든 임직원들이 내 일이라는 '당사자 의식'을 가지고 디지털 환경에서 효율적으로 업무를 하기 위해서는 조직문화 차원에서 접근을 해야 한다.

최근 핀테크의 영향으로 디지털 혁신에 내몰리고 있는 금융기업들은 전사차원에서 인식, 공감, 행동의 변화가 일어나도록 디지털 트랜스포메이션과 관련된 계층별 교육을 실시하고 있다. IQ(지능지수), EQ(감성지수)와 같이 DQ(디지털지수)를 조직과 개인 차원에서 측정하고 관리하는 등 조직문화 혁신에 심혈을 기울이고 있는 것도 이 때문이다.

게임의 룰이 바뀌고 있다

호랑이와 악어가 싸우면 누가 이길까? 호랑이는 민첩하고 이빨과 발톱이 날카로운데 악어는 피부의 껍질이 두껍고 이가 튼튼하면서 근력이 좋다. 이처럼 여러 가지 근거를 들어 승부를 예측해볼 수 있지만, 간단히 말해서 땅에서 싸우면 호랑이가 이기고 물에서 싸우면 악어가 이긴다. 과거에는 강자는 살고 약자는 죽는 무한경쟁 시대였다면, 지금은 게임의 룰만 바뀌면 강자도 죽을 수 있는 초경쟁 시대가 됐다.

일례로 역량파괴적 기술이 가져오는 게임의 룰의 변화를 들 수 있다. 60년 동안 안정적으로 사업을 해왔던 카드회사들에 '○○페이'라는 속칭 듣보잡(듣도 보도 못한 잡놈)이 나타나 판을 흔들고 있다. 심지어 '서울페이'와 같이 지자체가 운영하는 '제로페이'가 등장하면서 카드사들은 사업전략을 바꿔야 하는 처지에 직면하고 있다.

이와 같이 게임의 룰을 바꾸는 사람들을 '룰 메이커Rule maker'라 한다. 대표적으로 분업에 의한 대량생산이라는 생산방식의 룰을 바꿔 자동차의 대중화를 선도한 헨리 포드나, 근래 들어서는 스마트

감성에 디지털을 입혀라

기술을 통한 플랫폼 비즈니스 생태계를 만들어 전 산업계를 디지털 혁신의 격랑에 몰아넣은 스티브 잡스를 들 수 있다.

최근 미국과 중국의 갈등이 무역마찰을 넘어 미래 첨단산업의 기술주도권 경쟁으로 확산되고 있다. 국가 간 대립구도에 화웨이나 구글 등 양국가의 대표기업들이 관여하는 형태로까지 확대되고 있다.

구글 차이나의 전 사장이자 현재 중국 기술 분야의 대표적인 벤처 투자가인 카이푸 리는 자신의 저서 'AI 슈퍼파워'에서 "산업혁명 이후 처음으로 중국이 거대한 경제 변혁의 선봉에 서게 될 것"이라고 말했다. 그는 실리콘밸리와 중국의 테크놀로지 무대에서 모두 수십 년을 일해 온 인물로 5년 후엔 중국이 미국을 제치고 AI 혁명을 주도할 것이라고 주장하고 있다. 현재 중국은 국가적인 대응체제를 가동해 AI 전문가나 데이터 사이언티스트와 같은 핵심인력 확보에 주력하고 있다. AI 대학원을 만들어 놓고도 교수를 못 구해 수업을 제대로 못하고 있는 우리나라와 비교하면 몇백 배 수준의 인재를 확보해 가고 있는 상황이다.

AI, 적일까 동지일까

디지털 기술변화가 가져올 미래를 이야기 할 때 AI를 빼놓고는 이야기하기 힘들다. '알파고' 이후 많은 사람들이 '인공지능 포비아 Pobia(공포증)'가 생겼다고 한다. 언젠가 내 '밥그릇'을 AI가 빼앗아 갈지도 모른다는 막연한 두려움에, 미래에 사라질 직업 리스트가 발표되면 모두들 관심을 기울이게 된다.

스탠퍼드 대학의 제리 카플란 교수는 저서 '인간은 필요 없다'에서 "인공지능으로 인해 많은 일자리가 사라지겠지만, 그만큼 새로

AI 의사, AI 변호사

감성에 디지털을 입혀라

운 일자리가 더 많이 생길 것"이라며 "AI 기술은 특정한 업무를 대체할 것이다"고 말한다. 즉, 기계는 모든 사람의 일자리가 아니라 '어떠한 부류의 사람'들의 일자리를 빼앗을 것이고, 디지털 혁명에 적응하는 사람은 더 많은 소득을 올릴 것이라는 것이다.

과거의 IT 기술이 인간의 '업무'를 대신하거나 도왔다면, AI는 인간의 '판단'까지 대신해주고 있다. IBM의 왓슨이 등장했을 때 의료계에 큰 파장이 일었다. CT나 MRI 등 의료기기의 성능은 날로 발전해 3차원 영상을 얻는 수준까지 이르렀지만, 임상경험을 토대로 영상자료를 판독한 의사들의 초기 암 오진율은 여전히 높은 상황이다.

그래서 암이라고 판정을 받으면 반드시 수술받기 전에 다른 종합병원에 가서 확인해 보라는 이야기가 나올 정도였다. 왓슨은 수십만 건의 의료용 영상데이터를 딥러닝을 통해 학습해 환자의 상태를 예측하고 진단하도록 개발된 의료용 AI로, 초기 암의 발병여부를 판단하는 데 탁월한 성과를 보였다.

처음에는 인간과 기계의 대립이라는 양상으로 보이기도 했다. 하지만 지금은 각 종합병원에서 암 진단에 경쟁적으로 왓슨을 활용하면서 초기 암 발견에 큰 성과를 보이고 있다. 가천대 길병원이 국내 최초로 '왓슨'을 도입했고 그 긍정적인 성과가 보도되자, 왓슨에게 처방을 받기 위해 일부러 길병원을 찾는 환자들이 늘었다고 한다. 왓슨 도입 후 길병원의 암환자 방문율이 무려 60%나 상승했다는 통계도 있다.

구글도 의료용 AI 개발에서 나서고 있다. 2019년 5월 국제학술지 '네이처 메디슨'에 발표된 사례를 보면, 구글 헬스리서치의 연구진이 의사들의 도움 없이 구글 AI에게 4만 여건의 흉부 CT자료를 딥러닝하게 한 후, 환자의 CT자료를 분석하게 했다. 이를 바탕으로 발병 초기단계에서 폐암으로 진행되는 것을 예방할 수 있도록 진단에 도움을 주는 인공지능 기반 영상판독 보조시스템의 개발에 성공했다.

한편 금융업계에서는 최근 로봇이 자산관리를 해주는 '로보 어드바이저'가 열풍이다. 로보 어드바이저Robo-Advisor는 로봇Robot과 투자전문가Advisor의 합성어다. 로보 어드바이저는 빅데이터와 알고리즘에 기반한 컴퓨터의 통계적 분석과 전략으로 투자자의 투자성향과 목표에 맞춰 개인화된 포트폴리오를 제시하고 이를 직접 투자로 실행해준다. 최근 '로보 어드바이저' 기반의 펀드가 상당히 높은 성과를 내고 있는데, 2019년 1분기 로보 어드바이저 펀드는

감성에 디지털을 입혀라

최고 수익률 14.95%를 기록했다. 자산 관리계의 샛별로 등장한 것이다.

법조계에도 AI가 등장했다. 뉴욕 로펌에 취직한 AI 변호사 '로스'는 1초에 문서 10억 장 이상 검토가 가능하다고 한다. 판례를 누가많이 알고 인용하느냐가 중요한 변호사들에게는 최고의 서포터가생긴 것이다. 이처럼 몇 년 전만 해도 생소하게 느껴지던 일들이 기술의 발달과 함께 현실이 되고 있다.

로봇은 사람을 서포트 해주는 역할만 하고 있을까?

유우레이 라이타라는 필명을 가진 AI는 '컴퓨터가 소설을 쓴날'이라는 제목의 소설로 일본의 권위 있는 문학상에 응모해 심사위원들의 극찬을 받으며 1차 심사를 통과했다. 나중에 컴퓨터가쓴 소설임이 밝혀져 심사위원들이 뻘쭘해지는 상황도 벌어졌다고한다.

이 외에도 5분짜리 클래식 음악을 1분 만에 작곡하고, 렘브란트의 화법을 모방하여 새로운 그림을 창작하는 등 그동안 인간의 고유영역이라고 생각했던 창작의 세계에까지 AI가 진출하고 있다.영화에서나 등장하던 일들이 현실세계에서 벌어지고 있는 것이다.

앞에서 AI가 사람의 일자리를 위협할 것이라는 표현이 있었는데,

정확히 말하자면 'AI를 활용하는 사람이 AI를 못 쓰는 사람의 일자리를 빼앗을 것이다'라는 표현이 적합할 것이다. 이처럼 우리 삶 깊숙이 들어온 AI는 기존 산업을 위험하게 만들 수도 있지만, 어떻게 활용하느냐에 따라서 새로운 기회를 가져다 줄 수 있다.

아마존은 생태계 파괴자인가?

'126년 유통공룡 미국 시어스 백화점 파산보호 신청'.

126년 전통의 미국 백화점 체인 시어스가 지난 2018년 10월 파산신청을 했다. 다행히 파산 직전 헤지펀드의 막판 인수 제의로 가까스로 위기를 모면하기는 했지만, 그 대가는 혹독하다. 미국 전역에 있는 시어스와 계열사인 K마트 매장 80개 매장이 폐점 진행 중이라고 한다. 이 과정에서 700여 개 매장 중에서 142개의 저수익 매장을 폐점하기로 결정했다.

'아마존발 충격'에 생사기로에 놓인 미국 유통업체는 시어스뿐 아니다. 메이시스, 라디오샤크, JC페니, 크로거, 토이저러스, 짐보리

감성에 디지털을 입혀라

등 셀 수 없이 많다. 시어스 백화점의 경우 청산위기를 극적으로 모면하기는 했지만, 시어스의 파산신청의 원인은 유통공룡 '아마존'이 있음을 부인하기는 어렵다.

아마존이 산업계에 주는 충격은 수많은 신조어를 낳는 것만으로도 알 수 있다. 미국 블룸버그 통신이 만든 '아마존드amazoned'라는 이 용어는 '아마존이 당신의 사업 영역에 진출했으니 남은 것은 망할 일뿐이다'라는 의미라고 한다. 또한 '아마존 공포 종목 지수Death by Amazon'도 등장했다. 아마존의 수익 확대에 비례해서 실적 악화가 예상되는 기업들이 지수에 포함되어 있는데 우리가 잘 아는 월마트나, 코스트코도 여기에 속해 있다. 실제로 서점, 장난감, 식품, 의류 등 아마존이 진출한 분야마다 희생자가 발생하고 있다. 일례로 미국의 대표적 장난감 전문 회사로 70년의 역사를 가진 토이저러스도 2018년 문을 닫았다.

'아마존 이펙트Amazon effect'라는 신조어도 생겨났다. 아마존이 새로운 분야에 진출할 때 그 분야의 대표기업들이 느끼는 공포심과 해당 산업계에 미칠 지각변동을 말하는 것으로, 최근 기업의 인수·합병M&A 시 반드시 고려해야 할 사항으로 이야기되고 있다. 아마존은 대표적인 '파괴적 혁신가disrupter' 다. 진출하는 분야마다 기존의 생태계를 파괴하고 게임의 룰을 바꾸어 전통기업들을 위기에 몰아넣고 있다. 그러나 아마존은 끊임없이 고객들에게 새로운 대안을 제시하는 전방위적인 도전을 하고 있다는 점에서 다른 시각으로 바라볼 필요가 있다고 본다.

새로운 생태계 만드는 아마존

"건전지 좀 추천해줘."

아마존의 음성인식 비서 '알렉사'에게 요청하면 가장 먼저 자사 PB상품 브랜드인 '아마존 베이직'의 상품을 추천해준다.

"그거 말고, 다른 제품"이라고 하면 다른 회사 제품을 추천해주기도 하지만, 가끔은 다른 제품은 없다고 할 때도 있고, 그 제품과 비교해 아마존 베이직을 구입하는 것이 왜 유리한지를 설명한다. 그래서 미국의 온라인 쇼핑몰 판매순위에서 아마존 베이직이 선두를 지킬 경우가 많다. 아마존 베이직의 PB상품은 압도적 경쟁력을 가지고 있는데, 고객들과의 직접 커뮤니케이션과 행동패턴 등을 통

감성에 디지털을 입혀라

AI 비서 알렉사와 아마존 베이직 상품

해 얻은 빅데이터를 기반으로 필요기능, 가격, 세일즈 포인트 등을 명확히 반영하여 차별화 하고 있다. 아마존은 이러한 데이터를 기반으로 한 예측생산을 통해 생산성을 획기적으로 높이는 제조혁신까지 일으키고 있다.

실제로 무인판매점 '아마존고'에 가보면 막상 매장에는 사람이 없지만, 많은 센서와 카메라가 고객의 일거수일투족을 체크하며 데이터화하고 있다. 매장 뒤에는 40여 명에 달하는 직원들이 근무하고 있다고 하는데, 어쩌면 무인매장을 운영하기 위해 더 많은 사람이 근무하고 있는 셈이다. 그런데도 이러한 시스템을 만들고 지속적인 투자를 하는 이유는 뭘까. 바로 온라인과 오프라인의 경계가 없는 새로운 판을 짜기 위해서다. 지난 20여 년 간 급성장을 해왔지만 아마존의 경영목표는 '이익을 내지 않는 것'이라고 한다. 이 역설적인 경영전략은 새로운 생태계를 만들기 위해 매년 20조 원 이상을 인프라 구축과 첨단기술에 재투자하고, 최저 가격으로 소비자를 확보해 가기 위한 투자전략인 것이다.

이처럼 이젠 말로 하면 모든 것이 해결되는 시대다. 아마존 알렉사 등 음성인식 기기로 주문하는 금액이 미국에서만도 2020년엔 47조 원 규모로 성장할 것이라 한다. 문제는 말로 쇼핑하는 시대가 되면 플랫폼을 가진 아마존 등 기업의 확산세는 더욱 강화될 전망이다. '휴지 좀 주문해줘'라고 하면 아마존 알렉사는 아마존 베이직의 제품을 가장 먼저 추천해줄 것이기 때문이다. 또는 고객이 '크리넥스 주문해줘'라고 말하게 될 것이다. 이는 업계 리딩 브랜드만 살아남게 됨을 의미한다. 브랜드 시대는 가고 가성비 시대가 왔다고 하지만, 다시 강력한 브랜드 시대가 오게 될 수도 있다.

감성에 디지털을 입혀라

창조적 파괴 통해 성장한다

'자본주의는 창조적 파괴를 통해 성장한다'는 말이 있다. 낡은 것은 파괴되고 새로운 것이 끊임없이 창조되면서 생태계가 변화해간다는 것이다.

지금 아마존은 유통, 물류, 의료, 금융, 문화 등 모든 산업의 생태계를 파괴하고 있는 것이 아니라 창조를 하고 있다. 바로 창조적 파괴Creative Destruction를 하고 있는 것이다.

고객만족 경영의 기본 개념인 '고객이 먼저 행복하면 기업이 행복해진다'는 사실을 가장 잘 실천하고 있는 기업이 아마존이다. 아마존은 이윤추구보다도 먼저 고객들에게 디지털 혁신을 통해 얻은 성과를 돌려 좀 더 저렴하게 제품과 서비스를 제공하는 것을 경영 목표로 하고 있기 때문이다. 이로써 고객들로부터 열광적인 호응과 선택을 받고 있다. 그리고 이것이 다른 산업으로의 확장성을 높여가는 선순환 구조를 만들어가고 있는 것이다.

이러한 고객중심적인 전략이 미래가치를 인정받아 투자자들이 몰리는 원동력이 되고 있는 것이다. 세계 최고 수준인 아마존의 기업가치에는 충성도 높은 고객들이 가져다 줄 미래의 이익이 반영된 셈이다.

글로벌 삼성을 있게 한 두 번의 모멘텀

예전에 일본의 지인과 식사를 하는 자리에서 한일관계에 대해 폭넓게 이야기 할 기회가 있었다. 그는 한국에 대해 두 가지 자존심이 상하는 일이 있다고 했다.

그 첫 번째가 '욘사마'란다. 본인의 와이프를 비롯해서 일본의 아줌마들이 한국의 젊은 배우에게 미쳐서 호들갑을 떠는 걸 보면 일본 사나이로서 자존심이 상한다는 것이다. 또 하나는 '삼성'이라고 했다. 얼마 전까지만 해도 일본의 전자회사들을 벤치마킹하겠다고 기웃거리던 회사가 어떻게 소니, 히타치, 파나소닉 등 그 잘난 일본의 전자회사 10개를 합친 것보다 더 많은 이익을 내는 회사가 되었는지, 전자회사 임원으로서 자존심이 상한다는 것이다.

1980년대까지만 해도 삼성전자는 일본을 가장 열심히 벤치마킹하는 기업이었다. 창업 초기에는 생활필수품을 주로 만들던 삼성

감성에 디지털을 입혀라

은 일본식 경영을 도입하면서 일본 기업들과의 기술제휴에 나서, 1969년에는 산요와의 기술이전 협정에 따라 흑백TV 조립을 시작했고, 도시바, 마쓰시타 등 일본 기업으로부터 기술이전을 받아 가전제품을 생산하기 시작했다.

일본의 품질경영이 세계적인 주목을 받게 되자 한국의 기업들도 앞다퉈 일본의 경영방식을 벤치마킹하기에 열을 올렸다. 특히 도요타 생산방식연수는 제조현장의 관리자들에게는 필수코스가 되었는데, 그중 가장 열심히 연수에 참가한 기업이 삼성이었다. 경삼전기, 기후차체 등 도요타의 협력사에 마련된 연수시설에 3개월씩 체류해 가며 실제 현장에서 같이 작업을 하면서 배웠다. 비용도 비용이지만 장기간 자리를 비우는 부담을 감수하면서까지 삼성전자의 현장관리자들에게는 3개월 TPS연수는 필수 과정이었다.

3개월씩 체류하며 일본을 배웠던 삼성

그때까지만 해도 일본의 전자회사들은 삼성을 경쟁상대로 생각하지 않아서 생산현장을 쉽게 보여줬다. 기억에 남는 에피소드가 있다. 내가 근무하는 KMAC에 어느 날 삼성으로부터 연락이 왔다. 신축 공장의 라인설계를 해야 하는데 도시바의 공장을 벤치마킹하고 싶다는 것이다. 도시바 측에 있는 그대로 사정을 이야기하고 부탁을 했더니 의외로 선선히 허락을 해주었다. 도시바에서는 삼성을 하나의 고객사로 보고, '실컷 감탄하고 가라, 우리는 이렇게 대단하게 잘하고 있다'며 사진을 찍으면 안 된다는 조건으로 공장을 오픈해 주었다. 그 후 무려 13번의 벤치마킹을 실시하면서 사진을 찍는 대신 차수별로 전체 라인을 13분의 1씩 기억하는 방식으로 라인설계에 반영시켰던 기억이 있다.

그랬던 삼성이 어떻게 그 짧은 시간 동안에 일본 기업의 벤치마킹 대상이 되는 글로벌 기업으로 변신했을까. 물론 삼성의 '신경영 선포' 등으로 대변되는 각종 경영혁신 활동은 괄목할 만한 변화와 성장을 이루어 냈지만, 그러한 노력은 대부분의 기업들도 정도의 차이가 있을 뿐 상시적으로 실시해 왔다.

나는 지금의 세계 일류 기업 삼성을 있게 한 것은 무엇보다도 산업계의 조류가 바뀌는 변곡점에서 타이밍을 놓치지 않고 캐치업을 했기 때문이라고 생각한다. 아날로그에서 디지털로 바뀌는 길목에

감성에 디지털을 입혀라

삼성의 사업 영역 변천 과정(1938~1992)

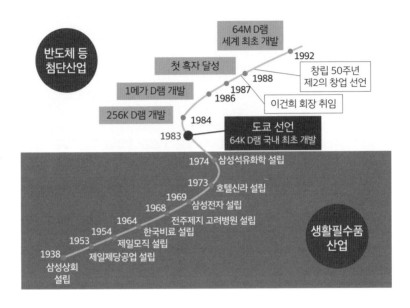

서 삼성은 반도체라는 디바이스를 무기로 디지털 기업으로 과감히
변신을 한 것이다. 만일 세상의 전자회사들이 아직도 아날로그 경
쟁을 하고 있다면 아마도 삼성은 히타치 하나도 따라잡기 힘들어
했을지도 모를 일이다.

아날로그에서 디지털로의 빠른 전환

글로벌 삼성을 있게 한 첫 번째 캐치업은 바로 아날로그에서 디지털로의 빠른 전환에 있었다. 과거 삼성의 연혁을 보면 1938년 삼성상회 설립 이후 제일제당, 한국비료, 전주제지, 고려병원, 삼성전자, 호텔신라, 삼성석유화학 등 생활필수품 산업을 주요 사업으로 성장해왔다. 그런데 고故 이병철 회장은 1983년 2월 7일 아침 일본에서 당시 홍진기 회장에게 전화해 "삼성이 반도체와 컴퓨터 사업에 진출한다"는 사실을 대외적으로 발표하게 했다. 일명 '도쿄 선언' 이후 삼성은 반도체 등 첨단산업으로 빠르게 사업영역을 재편해나갔다.

물론 이 과정이 순탄했던 것은 아니다. 1983년 당시 주변 모든 사람들이 반도체 산업 진출을 반대했다고 한다. 막대한 투자가 이뤄져야 하기에 회사가 위기에 처할 수 있다고 생각했기 때문이다.

하지만 이 회장의 생각은 달랐다. 빠르게 바뀌고 있는 조류의 변화를 읽고 결단을 한 것이다. 만약 이병철 회장이 디지털 산업에 뛰어들지 않았다면 지금의 삼성이 세계적인 기업으로 우뚝 설 수 있

감성에 디지털을 입혀라

었을까. 그렇게 주위의 반대와 염려 속에서 막대한 투자를 지속한 후 5년 만인 1988년에야 첫 흑자를 낼 수 있었지만, 그 결과 반도체는 지금까지도 삼성의 캐시카우 역할을 하고 있다.

나도 90년대 초반에 일본의 컨설턴트와 함께 삼성전자 메모리 사업부 프로젝트에 참여한 경험이 있다. 후에 정통부 장관이 된 진대제 씨가 해외에서 영입되어 전무를 맡고 있었다. 처음 상견례를 한 후 작은 기념품을 받았는데, 열어보니 메모리 불량품으로 만든 넥타이 핀이었다. 당시 4메가 D램 메모리의 가격이 4달러라고 했는데 지금은 8기가 D램의 가격이 4달러 정도이니 지금보다 약 2000배가 비싼 꼴이다. 더 놀라운 일은 당시 한반도에 전쟁이 난다는 소문이 세계적으로 돌아, 사전에 메모리를 확보하기 위해 전 세계의 바이어들이 몰려 왔다. 메모리에 불량이 있으면 화면에 깜박거리는 점이 생기는데, 과거에는 전량 폐기하던 불량품마저도 화상용이 아닌 가라오케 같은 곳에서 쓰면 문제가 없다며 제값을 내고 앞다투어 사갔을 정도다. 반도체로 최고의 호황을 누리던 시절, 삼성은 막강한 자본력을 바탕으로 가전 분야의 획기적인 변화를 시도한다.

마침 삼성전자 메모리 사업부의 프로젝트가 끝나고 이번에는 LG

전자 가전부문의 육각수 냉장고 개발 프로젝트에 참여했을 때의 일이다. 어느 날 설계실에 비상이 걸렸다. 삼성이 가전제품의 가격을 10% 내린다고 전격적으로 발표를 했기 때문이다. 그런데 거기서 그치지 않고 삼성이 10%를 추가로 인하했다. 1등 삼성을 추구하는 입장에서 국민들이 삼성과 접하는 가장 중요한 매개체인 가전제품을 저렴한 가격에 최고의 품질로 제공한다는 의지에서라 했다. 이에 대응해 살아남기 위해 LG전자와 대우전자는 필사적으로 원가절감을 할 수밖에 없었고, 아이러니하게도 이것이 우리나라 가전제품의 경쟁력을 획기적으로 끌어올리는 계기가 되었다.

당시 '일본의 가전제품이 상륙하면 한국의 가전업체는 다 죽는다'며 국내 가전시장을 개방하지 않고 있었는데, 막상 시장이 개방된 후에도 경쟁력을 갖고 살아남았고 지금은 세계 가전시장을 리드하고 있다. 결과적으로 보면 이 또한 삼성이 디지털로의 캐치업을 통해 모멘텀을 마련한 결과가 가져다준 또 하나의 성과물인 셈이다.

감성에 디지털을 입혀라

문제를 문제로 보는 눈과 또 한 번의 캐치업

"국제화 시대에 변하지 않으면 영원히 2류나 2.5류가 될 것입니다. 지금처럼 잘 해봐야 1.5류입니다. 마누라와 자식 빼고 다 바꿉시다." _ 1993년 6월 프랑크푸르트 선언

원래 혁신은 잘나갈 때 하는 것이라 했다. 반도체의 성공으로 자신감을 얻은 삼성은 지속적인 혁신을 시도하지만, 글로벌 시장에서 삼성의 브랜드파워는 결코 높지 않았다. 국내에서는 1등 기업이라 자부할 수 있는 회사가 됐지만 국제적으로는 1등이라 할 수 있는 게 거의 없었다.

1987년 이건희 회장이 취임을 하고, 이듬해인 1988년에 창립 50주년을 맞이해 제2의 창업을 선언했다. 하지만 선언을 한다고 해서 회사가 바뀌는 것은 아니었다. 제2의 창업 선포에도 불구하고 5년 동안 바뀐 게 별로 없다고 판단한 이 회장은 "마누라와 자식만 빼고 다 바꾸라"는 그 유명한 '신경영'을 선포했다.

이건희 회장이 신경영을 선포한 이후 가장 먼저 한 일은 삼성의 CEO들을 데리고 선진국을 돌며 진정한 1등이 무엇인지 보여준 것

삼성의 제2의 창업과 모바일로의 전환

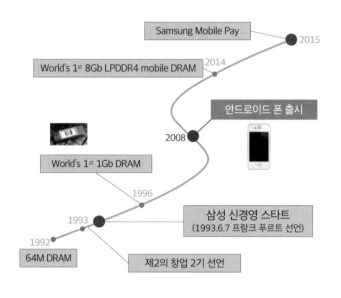

이다. 비행기도 1등석에 태우고, 도착해서는 최고급 리무진을 타고 이동하고, 최고급 호텔에 묵었다. 또 최고의 음식을 먹고, 최고의 제품을 보러 다니는 등 세계 최고와 비교해 삼성이 지금 어느 위치에 와 있는지를 직접 체험토록 했다. 이 3개월 간의 투어를, 삼성에서 '혁신의 전도사'라 불렸던 삼성전관 사장 출신 손욱 전 농심 회장은 '문제를 문제로 보는 눈을 키워준 연수'였다고 회상한다. 그 후

감성에 디지털을 입혀라

글로벌 1등 삼성을 목표로 한 많은 노력은 대표적으로 반도체 시장의 압도적 1위라는 성과로 나타났고, 이건희 회장의 경영자로서의 능력을 이야기 할 때면 '신경영'이 대표적인 업적으로 회자된다.

하지만 이 회장의 가장 큰 업적은 무엇보다도 이병철 선대 회장의 아날로그에서 디지털로의 캐치업과 같이, 모바일로의 변환기에 캐치업에 성공한 것이라 생각한다. 현재 삼성의 글로벌 마켓쉐어 1위 아이템은 반도체와 스마트폰인데, 이 두 제품이 전체 이익의 80%를 차지하고 있기 때문이다.

스티브 잡스가 2008년 6월에 아이폰을 출시하며 스마트폰 시대의 서막을 열었을 때, 삼성은 2008년 7월 안드로이드폰을 출시하며 일단 모바일 시장에 머리를 들이밀었다. '모바일'로 가는 급행버스를 탄 것이다.

사실 이 때 애플이 삼성에 특허 소송을 해준 것은 결과적으로 고마운 일이다. 삼성이 모바일 시장에서 애플과 경쟁하는 동급의 브랜드로 자리매김하는데 일조를 한 것이기 때문이다. 현재 삼성과 애플, 화웨이가 스마트폰 세계시장 점유율에서 엎치락뒤치락하고 있지만, 2019년 1분기에는 삼성이 점유율 21.7%로 1위를 차지하고 있다.

이처럼 돌이켜 보면 오늘의 글로벌 삼성을 있게 한 것은, 바로 조류의 변화에 신속히 대응해 두 번의 캐치업에 성공한 선대 회장들의 탁월한 선택이었다. 최근 삼성은 '2030 비메모리 세계 1위'라는 승부수를 던지고 이미지센서를 비롯한 시스템 반도체 사업에 133조 원을 투자한다는 계획을 발표했다. 이러한 삼성의 도전이 또 한 번의 모멘텀을 만들어낼 수 있을지가 관건이다.

삼성의 두 번에 걸친 캐치업이 시사하는 바는 크다. 지금 산업계에 몰아치고 있는 디지털 트랜스포메이션이라는 파고에 수세적으로 대응해 피해자가 되기보다는, 새로운 성장 모멘텀을 찾겠다는 적극적인 자세로 임해 새로운 미래를 창출해야 한다는 것이다.

조류를 타고 있는 일본경제

일본이 기나긴 불황의 늪에서 확연히 벗어나고 있다. 2012년 12월 시작된 경기 회복세가 6년 이상 지속적으로 이어지고 있는 가운데, 양적완화의 부작용 등을 들어가며 부정적으로 봤던 전문가들도 이

감성에 디지털을 입혀라

제는 '아베노믹스'의 효과를 인정할 수밖에 없는 상황이다. 수출은 물론, 장기 불황에 따른 디플레이션으로 침체의 늪에 빠졌었던 내수시장이 최근 눈에 띄게 활성화 되고 있다. 최근 한국에 대한 경제 제재 또한 잃어버린 20년의 장기 불황을 극복했다는 아베의 자신감이 밑바탕이 됐다는 의견도 많다.

그동안 고전을 면치 못했던 대형 유통업체에도 화색이 돌고 있다. 일본 백화점에 가보면 과거와는 달리 매장마다 많은 고객들로 북적거린다. 대표적인 소비품목인 화장품의 경우, 대표주자 격인 시세이도가 폭주하는 수요에 맞추기 위해 약 1조 원을 들여 국내 생산 공장 2개를 증설하고 있다. 과거 장기불황기에는 6개의 공장을 3개까지 줄이는 등 많은 경영상의 어려움을 겪었던 것과 비교하면 놀라운 반전이다.

일본의 내수경기가 살아난 배경에는 국내 고객들의 소비가 살아난 것도 있지만, 연간 3000만 명에 달하는 외국인들의 덕이 크다. 외국인들의 평균 구매액을 보면 내국인보다 약 6배의 객단가를 보이고 있다. 3000만 명이 6배의 구매를 해준다면 단순계산으로 1억 8000만 명의 내국인 수요자가 늘어난 것으로 볼 수 있다. 현재 일본 국민의 1.5배의 인구가 더 소비를 해 주는 셈이다.

한국에도 유커들의 싹쓸이 쇼핑이 화제가 되었던 적이 있지만, 백화점과 대형 할인점이 늘어서 있는 일본의 긴자거리에 가면 진풍경이 펼쳐진다. 중국 단체관광객을 실은 대형버스가 정차하는 곳은 백화점 정문이 아니라 근처에 있는 여행용 가방가게다. 모두 빈손으로 내린 중국 관광객들은 가방가게로 일렬로 들어가 모두 대형 캐리어를 하나씩 사서 바로 옆 백화점으로 향한다. 그리고 2시간 후 빈 가방을 가득 채운 관광객들을 버스가 와서 싣고 간다. 일명 폭매爆買(한 번에 대량으로 구매하는 행태)라는 현상으로 2015년에는 올해의 신조어에 뽑혔을 정도로 화제가 되고 있다. 그 싹쓸이 쇼핑의 규모가 엄청나다고 한다. 중국의 춘절 연휴에만 일본을 방문하는 중국관광객 수가 약 45만 명에 이르고 그 기간 중 쇼핑한 금액이 1140억 엔(한화 약 1조 2000억 원)에 이른다는 통계가 있다.

내수경기를 살리는 또 하나의 요인은 건설경기의 회복이다. 2020년에는 도쿄올림픽이 열린다. 그리고 2019년에는 일본에서 럭비 월드컵이 열린다. 세계 3대 스포츠 이벤트를 꼽으라면 올림픽, 축구 월드컵, 그리고 럭비 월드컵을 꼽는데, 우리나라에서는 럭비가 비인기 종목이어서 관심 밖에 있지만 단일 구기종목 국가대항전 중 가장 큰 이벤트는 축구 월드컵이 아니라 럭비 월드컵이라 한다.

감성에 디지털을 입혀라

이 두 가지 스포츠 이벤트 외에도, 2019년에 세계 여자핸드볼 선수권대회, 그리고 G20 정상회의 등 각종 스포츠, 외교 행사로 전국이 준비로 들썩이며 엄청난 건설 붐이 일고 있는 것도 경기회복에 한몫 하고 있다.

이러한 상황 호전에 힘입어 일본의 산업계도 재기를 시도하고 있는데 과거의 경험을 반면교사로, 메가 트렌드인 디지털 혁신에 적극적으로 대응하는 모습을 보이고 있다. 철저히 과거의 실패를 반면교사로 삼아 '일본식 디지털 혁신'에 임하고 있는 것이다.

도요타 자동차가 10년 전 최악의 품질사고와 위기를 딛고 다시 사상 최고의 실적을 내며 회생한 것은 '카이젠(개선)을 카이젠하라'는 구호 하에 그간의 인풋In Put 통제형 혁신에서 벗어나 근본적인 체질개선을 한 결과라고 본다.

카이젠을 카이젠하라

나는 일본 경제가 회생하고 있는 이유 중 하나는 기존의 혁신을 혁신하려는 노력이 잇따르고 있기 때문이라고 생각한다. 20년 간의 장기침체를 겪으면서 기존의 혁신활동이 조류의 흐름을 제대로 이해하지 못한 채 진행했음을 깨달은 것이다. 특히 일본 경제를 대표하는 도요타 자동차의 부활은 일본 경제 부활의 신호탄이었다.

2010년 도요타 자동차는 전 세계에서 1200만 대에 달하는 대규모 리콜을 진행했다. 2009년 일본 전체 판매대수를 넘어서는 엄청난 대수였다. 이 날을 기점으로 세계 자동차 판매 1위 도요타 자동차는 마치 낭떠러지로 떨어지는 듯 했다. 모두들 회생이 쉽지 않을 거라고 봤다. 사실 2010년 이전부터 이미 징조는 있었다. 2008년 리먼 브러더스 사태와 무리한 확대 경영으로 경영적자가 연이어 발생하고 있었다. 당시 뉴욕타임즈는 '도요타시가 미국 디트로이트로 변하고 있다'고 평가하기도 했다.

그러나 이러한 리콜사태 1년 뒤인 2011년 2월 24일 도요타는 고故 도요타 기이치로 창업자의 자택에 벗나무를 식목하며 치욕의 날을 잊지 않겠다고 다짐한다. 그리고 불과 3년 만에 위기를 극복하고 세계 정상에 다시 우뚝 섰다. 자동차 생산량 1위, 영업이익 세계 1위라는 놀라운 성적을 거둔 것이다. 그동안 도요타에는 어떤 일이 있었던 걸까.

감성에 디지털을 입혀라

도요타의 회생의 비결을 알기 위해선, 먼저 과거 어떠한 혁신을 해왔는지를 살펴봐야 한다. 1926년 창업한 도요타는 1990년대 후반부터 2007년까지 전 세계 곳곳에 생산 공장을 세웠다. 그리고 원가절감을 기본으로 한 개선을 기반으로 큰 성장을 일궈왔다. 도요타는 '이익은 원가를 절감할 때 확보가 가능하다'라는 TPS^{Toyota} ^{Product System} 방식을 기본으로 인풋^{Input}을 줄이는 혁신을 해왔다. 이러한 도요타의 혁신활동의 핵심개념은 '낭비제거'다. 부가가치가 낮은 모든 일을 낭비로 보고 그것을 카이젠(개선)해 나가는 것으로, 사람^{Man}, 설비^{Machine}, 재료^{Material}, 방법^{Method} 등 4M이 그 대상이다. 도요타의 대표적 혁신활동의 대명사 격인 'Just In Time'도 낭비제거의 한 방법인데, 현재 작업하는데 사용할 부품 이외에 재고를 가지고 있는 것을 낭비로 보는 것이다.

이러한 생산방식이 가능하려면 완성품 조립라인과 2차, 3차 협력업체의 부품생산 라인이 예측생산 스케줄에 의거해 일사불란하게 하나로 움직여야 한다. 즉 인풋을 얼마나 효과적으로 줄이느냐에 집중을 해왔는데, 이러한 인풋을 줄이는 원가절감은 구성원들의 혁신 피로도를 높이기 때문에 쉽게 지치고 그 효과가 지속되기는 힘들다. 도요타는 결국 이러한 카이젠(개선) 방식이 2010년 대규모

리콜 사태를 가져온 원인이라는 것을 깨닫고 기존의 카이젠을 카이젠한다는 목표를 세우게 된다. 사람^Man, 설비^Machine, 재료^Material의 인풋을 줄이는 방식이 아닌 '일을 하는 방식^Method'을 바꾸는 혁신에 돌입한 것이다.

이러한 '카이젠을 카이젠'하는 노력을 통해 영업이익도 획기적으로 개선했다. 2013년 영업이익 14조 1600억 원 중 4조 8000억 원이 카이젠의 성과로 판단하고 있다. 이러한 절감 비용은 또 다른 기술 개발이나 마케팅에 대한 투자로 이어져 세계 판매 1위라는 성과를 지속 달성하고 있다.

일본 서비스업 부활의 원동력 '오모테나시'

일본식 서비스의 대명사는 '오모테나시(정성을 다하여 배려하고 환대하는 것)'로, 이 '오모테나시'는 일본이 56년 만에 올림픽을 유치하는데 중요한 역할을 했다. 후쿠시마 원전과 지진 등 안전문제에 핸디캡을 안고 임한 유치전에서, 일본의 프레젠테이터로 등장한 프랑

감성에 디지털을 입혀라

스 혼혈의 타키가와는 "우리에게는 고객을 맞이하는 특별한 방법이 있습니다. 바로 오모테나시 정신입니다"라며 안전은 물론 최고의 서비스를 할 준비가 되어 있음을 알려 올림픽 유치에 유리한 여론을 만드는 데 일조를 했다.

일반적으로 일본인들은 유니폼을 입으면 목소리 톤이 한 옥타브 올라간다. 일종의 장인정신인 셈이다. 이러한 아날로그적인 서비스 마인드나 감성 위에, 최근에는 HR 빅데이터를 활용해 적재적소에 직원을 배치함으로써 만족도와 효율을 높이는 활동을 하고 있다. 접점 직원들의 스타일, 인·적성, 경험, 역량 등을 가시화한 후, VIP 고객의 구매패턴과 성향에 매칭시켜 그 고객에게 가장 적합한 직원을 배정하는 것이다.

이처럼 맞춤형 서비스에 디지털 솔루션을 적극 도입함으로써 고객 만족 활동이 매출 증가로 이어지도록 하고 있다.

이렇듯 일본의 전통기업들은 아날로그와 디지털의 조화 속에 디지털 트랜스포메이션을 위협요인이라기보다는 새로운 기회요인으로 삼으려는 독자적인 방식을 취하고 있다. 그 대표적인 사례가 '소사이어티 5.0'이라는 개념 정의다. '인더스트리 4.0'이라는 디지털 기술 발전에 포커스를 맞춘 산업혁명으로 보기보다는, 각종 디지털

Society 5.0 개념도

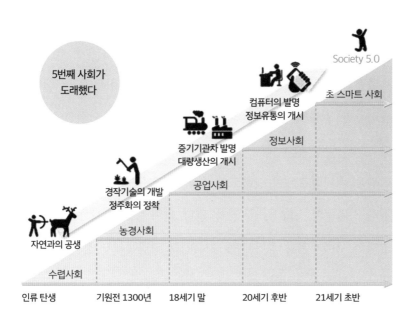

5번째 사회가
도래했다

자연과의 공생

수렵사회

경작기술의 개발
정주화의 정착

농경사회

증기기관차 발명
대량생산의 개시

공업사회

컴퓨터의 발명
정보유통의 개시

정보사회

Society 5.0

초 스마트 사회

인류 탄생　　기원전 1300년　　18세기 말　　20세기 후반　　21세기 초반

기술의 발전이 가져다준 사회의 변화로 보는 것이다. 이러한 사회
의 변화는 사회구성원인 고객의 변화를 가져오고, 고객들로 선택받
는 기업이 되기 위해서는 새로운 고객들의 요구와 행동의 변화에

　　　　　　　　　　감성에 디지털을 입혀라

맞춰 경영방식을 바꿔야 한다는 것이다.

　표현이야 어떻든 분명한 것은 디지털 혁신이라는 거대한 조류가 사회를, 고객을, 비즈니스 모델을, 게임의 룰을 바꿔 놓고 있는 격동기라는 점이다. 이러한 현실을 직시하고 삼성이 그러했듯, 이러한 조류의 변화 속에서 새로운 성장의 모멘텀을 찾겠다는 적극적인 자세로 임하는 것이 필요한 시기임에 틀림없다.

바람이 강하게 불 때야말로
연을 날리기에 가장 좋은 시기다.

_마쓰시타 코노스케 마쓰시타전기산업 창업자

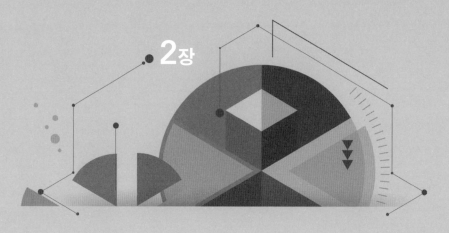

2장

어종이 바뀌었다,
어선을 바꿔라

'오른쪽 아래'에 서 봤는가

1452년 레오나르도 다빈치가 그린 '수태고지'라는 그림이 있다. 가브리엘천사가 성모 마리아에게 아기 예수를 잉태했다는 사실을 고지하는 장면이다. 이 그림을 얼핏 보면 잘 모를 수도 있지만, 책장을 넘기는 마리아의 오른팔과 왼팔의 각도나 비율이 잘 안 맞고, 서양화법에서 전체 구도의 중심점인 소실점도 안 맞는다. 또한 주인공인 마리아보다 가브리엘이 더 큰 것도 부자연스럽다. 천재 화가인 레오나르도 다빈치의 실수였을까?

원래 이 그림은 피렌체의 산 바르토로메오San Bartolomeo 수도원

수태고지

레오나르도 다빈치 / 1452년
패널에 템페라와 유채
출처 : 위키미디어

San Bartolomeo 수도원 (Firenze)식당 왼쪽 상단에 걸려 있던 그림

의 식당 입구 왼쪽에 걸린 그림으로, 대부분의 관객들은 오른쪽 아래에서 그림을 올려보게 된다. 정면에서 부자연스러웠던 모든 것들이 오른쪽 아래서 보면, 소실점이나 손의 비율도 맞고 마리아가 더 크게 보이는 등 모든 것이 완벽해진다. 다빈치니까 그릴 수 있었던 그림으로, 관객의 위치나 각도까지 고려해 그린 것이다.

감성에 디지털을 입혀라

모든 기업들은 고객에게 선택을 받아야 생존할 수 있다. 그래서 나는 고객만족을 강조할 때, 먼저 고객의 입장에 서서 생각하라고 이야기 한다.

나는 지난 25년 간 경영컨설팅을 해 오면서 많은 기업의 사례를 접해 왔다. 호텔이나 백화점처럼 높은 수준의 고객 서비스를 요구받는 기업들은 늘 자신들의 서비스에 대해 "우리는 항상 고객의 입장에 서서 생각하고 행동하고 있습니다"고 자신있게 대답을 한다. 고객을 'Understand(이해하다)'하기 위해 'Under(아래)'에 'Stand(서다)'한다는 것이다. 그럴 때 내가 다시 질문하는 것이 바로 "오른 쪽 아래에 서 봤느냐"하는 것이다.

고객만족의 3요소라 하는 상품, 서비스, 이미지가 상향평준화 되어 있는 경쟁상황에서, 고객들은 자신만의 기준을 가지고 어느 곳을 선택할 것인지를 결정한다. 고객들이 '오는 이유, 가는 이유'가 개개인마다 다르고, 또 어제와 오늘이 다르다.

요즘 같은 격동기에 고객들로부터 선택을 받으려면, 변화하는 디지털 환경 속에서 고객들의 가치기준과 라이프스타일, 소비 패턴이 어떻게 달라졌는지 '오른쪽 아래에 서는' 자세로 좀 더 고객을 제대로 이해하려고 노력해야 한다.

신인류의 등장

디지털 환경에서 고객은 크게 두 타입으로 나눌 수 있다. 처음부터 디지털 환경과 모바일에 익숙하고 기존 고객의 성향과는 완전히 다른 디지털 원주민Digital Natives과 디지털 환경에 적응해가면서 행동패턴을 바꾸는 디지털 이주민Digital Immigrants이 그들이다.

디지털 원주민과 디지털 이주민을 구별하는 방법이 있다고 한다. 디지털 카메라를 보여주면서 이것이 무엇이냐고 물으면 디지털 원주민은 '카메라'라고 하고, 디지털 이주민은 '디카'라고 대답한다는 것이다. 이처럼 태어났을 때부터 디지털화된 시대에 살고 있는 디지털 원주민에겐 디지털인지 아닌지로 구분하는 것 자체가 의미가 없는 일인 것이다.

앞 장에서 일본이 지금과 같은 디지털혁명 시대를 '소사이어티 5.0'이라 표현한다 했는데, 이 5번째 사회에는 신인류가 등장한다. 인류의 변천사를 보면 호모 하빌리스, 호모 에릭투스를 거쳐 약 10만 년 전에 네안데르탈인이 등장하고 3만 년 전부터 현생 인류인 '호모 사피언스'가 되었다. 그런데 최근 신인류인 '포노 사피엔스Phono Sapiens'가 등장했다. '포노 사피엔스'는 호모 사피엔스(생각

감성에 디지털을 입혀라

하는 사람, 지혜가 있는 사람)를 빗댄 말로 스마트폰 없이 생각하거나 살아가는 것을 힘들어하는 세대를 말한다. 지금 전 세계 인류의 절반가량이 스마트폰을 가지고 있지만, 5년 안에 그 비율이 80% 수준에 이를 것이라 한다. 이처럼 대부분의 스마트폰 소지자가 포노 사피엔스가 되어가고 있다. 그 중에서 대표적인 포노 사피엔스로

한국 사회의 세대 구분

세대명	연령대	특징적 성향
베이비붐 세대	한국전쟁 이후~1960년대 중반 출생 (50대 후반~60대 초반)	전후 사회적·경제적 재건의 주역으로, 교육열이 높고 치열한 경쟁 속에서 다양한 사회운동과 문화를 주도하였으며, 집단주의와 보수적인 성향이 강함
X세대	1960년대~1980년대 초반 출생 (30대 후반~50대 중반)	물질적 풍요 속에서 자라 소비 지향적이며 주관이 뚜렷하고, 민주화 운동을 주도하였으며 여행자유화로 해외 문화를 받아들인 최초의 컴퓨터 세대
밀레니얼 세대 (Y세대)	1980 ~ 1990년대 후반 출생(20, 30대 후반) 베이비 붐 세대의 자녀	외환위기 등 사회적 혼란과 극심한 취업난을 경험하였고, 컴퓨터와 스마트 기기에 익숙한 세대다. 자기중심적 가치관을 갖고 있고 경험과 공유를 중시하며, 워라밸 등 개인의 행복을 추구하는 향후 경제의 주축 세대
Z세대	1990년대 후반~ 2000년대 출생(청소년) X세대의 자녀	디지털 환경에서 태어난 디지털 네이티브들로, 나이는 어리지만 경제 호황기에 자란 탓에 구매력이 높고 유행에 민감하며 진보적 성향이 강함

Z세대와 Y세대(밀레니얼 세대)를 꼽을 수 있다.

한국에서 경제활동과 연관지어 세대를 구분할 때, 베이비붐 세대, X세대, Y세대(밀레니얼 세대), Z세대로 구분을 하고 있다. 그 중 밀레니얼 세대는 전 세계적인 소비의 주축으로 급속히 부상하고 있다.

밀레니얼 세대에 주목하라

밀레니얼 세대란 1980~2000년대 초반 사이에 출생한 이들을 일컫는다. 새로운 천년, 즉 '밀레니엄'의 주역이 될 세대라는 의미에서 '밀레니얼'이라는 이름이 붙여졌고, X세대 다음 세대라는 뜻에서 'Y세대'라고도 불린다.

지금 밀레니얼 세대는 세계 인구의 3분의 1을 차지할 정도로 많은 비중을 차지하고 있고, 그들은 지금 전 세계적으로 주요 고객이나 조직 구성원으로 떠오르고 있다. 미국의 경우 2014년 전체 성인 인구의 27%였던 밀레니얼 세대가 2020년에는 36%로 증가할 전

감성에 디지털을 입혀라

망이다.

IT 기기에 익숙하고 SNS를 적극적으로 활용하는 밀레니얼들이 본격적으로 사회에 진출해 산업사회의 주역으로 떠오르기 시작한 것이다.

밀레니얼들은 사회적 기준이 아닌 자신만의 기준을 세우고 따르는 마이사이더Mysider들이다. 인싸(인사이더), 아싸(아웃사이더)를 벗어나 내my 편side인 사람er이란 뜻이다.

얼마 전 TV 예능 프로그램 '한끼줍쇼'에서 제주도로 내려가 '소확행(소소하지만 확실한 행복)'의 삶을 살고 있는 가수 이효리가, 기성세대를 대변하는 코미디언 이경규, 강호동과 나눈 대화가 큰 이슈가 된 적이 있었다. 길에서 만난 초등학생에게 강호동이 어른이 되면 어떤 사람이 되고 싶은지 묻자 이경규가 옆에서 "훌륭한 사람이 돼야지"라고 말하자, 이 때 이효리가 "뭘 훌륭한 사람이 돼? 그냥 아무나 돼"라고 말한 것이다.

기성세대들이 만들어 놓은 기준인 '훌륭한 사람'보다 나 자신이 만족하는 '아무나'가 훨씬 가치 있다는 이효리의 생각에 밀레니얼 세대들은 SNS를 통해 열광적 환호를 보냈다.

이렇듯 밀레니얼 세대는 근본적으로 자기만족적이며 실용적인 삶을 추구하는 이들이다. 기존의 질서가 아닌 각자의 기준에 따라 삶의 가치를 정하고 그에 따라 행동한다는 점에서 미국의 시사주간지 타임은 밀레니얼 세대를 '미미미Me Me Me 세대'라고 칭하기도 했다.

밀레니얼 고객의 특성

"like many of my fellow Millennials i do not consider myself categorically Republican or Democrat more than party affiliation vote based on what believe is right for my family and for my country."

(다른 밀레니얼과 마찬가지로, 나도 단연 공화냐 민주냐 하는 당적이 아니라 내 가족과 나라에 옳은 것이 무엇인가에 따라 투표한다.)

이것은 도널드 트럼프 대통령의 딸인 이방카가 대통령 후보 수락연설 전 찬조연설을 하면서 한 말이다. 즉, 밀레니얼들은 정치에 있어서도 '정당이나 소속'을 떠나 '자신이 옳다고 믿는 것'을 기준

감성에 디지털을 입혀라

으로 투표를 한다는 말로, 많은 밀레니얼들의 지지를 받았다.

이 표현을 바꾸어 말하면 밀레니얼들은 '브랜드'보다는 '자신이 세운 가성비'를 기준으로 '구매'한다로 바꿀 수 있다. 이렇듯 정형화된 틀을 거부하고 다양한 개성을 중시하며 의사표현도 명확하다.

최초로 부모보다 못 사는 세대가 될 것이라는 20~30대의 밀레니얼 세대들은 상대적으로 주머니가 얇아 마음껏 소유할 수 없는 상황에서, 기성세대와는 달리 미래보다는 현재를, 소유보다는 경험을 더 중요시하며, 새로운 경험을 위해 돈을 쓰는 것을 망설이지 않는다.

최근 기존 사업자와의 갈등으로 사회적 이슈가 되었던 '카카오 택시'나 '우버'와 같이, 제품이나 서비스를 소유하기보다는 필요에 따라 서로 차용해 쓰는 공유경제Sharing Economy 모델을 주류 경제의 전면으로 부상시켰다. 그 결과 기존의 전통산업은 큰 위협을 느끼게 되는데, 일례로 지난 2019년 5월 뉴욕증권거래소에 상장한 '우버'는 100년 동안 견고하던 택시의 아성을 불과 9년 만에 흔들고 있다. 우버를 타본 밀레니얼들은 그 편리함과 가성비에 더 이상 택시를 이용할 필요를 못 느낀다고 한다. 스마트폰뱅킹에 익숙한 사람들이 은행에 갈 필요를 못 느끼는 것과 마찬가지다.

이렇게 젊은 층을 중심으로 공유경제가 합리적인 소비형태로 자리 잡기 시작하면서, 최근에는 한 단계 더 발전한 구독경제 Subscription Economy라는 신 개념의 경제모델이 등장했다. 구독경제란, 신문의 구독료를 내면 정기적으로 배달해 주는 것과 같이, 소비자들이 일정액을 선불로 지불하면 원하는 상품이나 서비스를 공급자로부터 주기적으로 제공받는 모델이다. 다양한 상품, 서비스, 라이프스타일을 경험하기 원하면서도, 복잡하고 번거로운 것을 싫어하는 성향의 이들에게는 별도의 주문 절차 없이 알아서 배달해주거나, 필요할 때 바로 사용할 수 있는 구독이라는 모델이 매력적일 수밖에 없다.

미국의 경제지 포브스는 "구독경제는 물건을 소비하는 방식을 소유Ownership에서 가입Membership으로 바꾸고 있다"라고 평가했다.

또한 이들은 자신이 경험한 것을 SNS를 통해 과시하고 공유하는 걸 좋아하는데, 이를 '있어빌리티(있어+ABILITY)'라고도 한다. 이러한 행동이 제품이나 서비스에 대한 후기의 역할을 하면서 판매에 큰 영향을 미치고 있다.

또한 온라인과 오프라인의 경계가 없는 소비는 밀레니얼들에게 결코 낯설지 않은 방식이다.

감성에 디지털을 입혀라

온라인 검색을 통해 마음에 드는 운동화를 발견하면 당장 오프라인 매장으로 달려가 직접 착용해 보고 그 후기는 SNS에 공유한다. 마음에 들어도 바로 구입하지 않는다. 다시 온라인 최저가를 검색해서 가장 저렴한 가격을 찾아내면 그제야 지갑을 연다.

밀레니얼 세대의 이런 소비 방식은 단순히 '투철한 절약정신'에서만 기인된 것은 아니다. 밀레니얼들은 온라인 검색은 물론 오프라인 경험도 중시한다. 이들은 원하는 제품을 사기 위해 발품을 파는 불편도 마다하지 않는 것이다. 직접 들고, 만지고, 냄새를 맡고, 보는 오감을 통해 정서적 만족과 즐거움을 얻을 수 있기 때문이다.

오감을 체험할 수 있는 아날로그에도 밀레니얼들은 열광한다. 몇 년 전부터 서울 시내에 속속 문을 열고 있는 레코드 가게의 가장 큰 손은 LP를 경험해보지 못한 '여학생'들이라고 한다. 기업들도 이러한 사람들의 아날로그 감성을 저격하는 숍을 속속 열고 있다.

현대카드는 LP와 CD, 카세트 테이프를 들을 수 있는 공간을 이태원에 열었다. 바로 바이닐 앤 플라스틱이 그 주인공인데, 이곳에선 누구나 운영시간 동안 원하는 음반을 골라 감상할 수 있을 뿐 아니라 카페와 패션 팝업스토어 등이 진행되기도 한다. 무엇보다 이곳의 주요 고객이 나처럼 젊은 시절 LP에 대한 향수를 갖고 있는 세대가 아니라, LP의 지극한 감성을 모르는 밀레니얼들이라는 점이 놀랍다. 물론 옛 향수에 젖어 이곳을 찾는 중장년층도 많다. 이처럼 디지털이 극대화된 시대에 오히려 세대 구분 없이 아날로그에 대한 재발견이 곳곳에서 포착되고 있다.

기존 고객도 달라졌다

40대 중반의 커리어우먼인 박 차장은 요즘 마트를 거의 이용하지 않는다. 우유 하나, 두부 한 모도 가까운 마트로 가지 않고 주로 카카오장보기와 쿠팡 새벽배송, 마켓컬리 앱 등을 이용해 장을 본다.

박 차장이 요즘 가장 선호하는 방식은 카카오장보기다. 출퇴근 길 카카오장보기를 통해 물품을 구매하면 가까운 이마트의 쓱배송으로 당일 오후 물건을 받아볼 수 있기 때문이다. 퇴근 후 집 앞에 배달된 식재료로 바로 가족들의 저녁식사를 준비하기가 편리해서다. 박 차장은 "가끔 유명한 베이커리에서만 판매하는 특별한 식

감성에 디지털을 입혀라

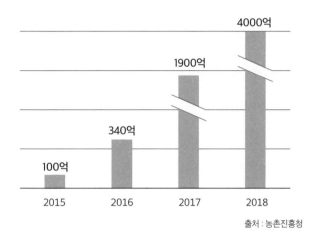

국내 새벽배송 시장 규모(단위 : %, 원)

- 2015 : 100억
- 2016 : 340억
- 2017 : 1900억
- 2018 : 4000억

출처 : 농촌진흥청

빵이나 인스타 맛집의 마카롱 등은 가격이 조금 비싸더라도 마켓
컬리에서 주문한다"며 "직접 찾아가서 사오기 힘든 품목을 마켓컬
리에서 많이 판매하기 때문"이라고 말한다. 또 밤에 자려고 침대에
누웠을 때 갑자기 내일 아침 먹을 우유가 없음을 알았을 때는 쿠팡
'로켓와우' 새벽배송으로 주문한다. 한 달에 2,900원만 내면 한 달
내내 우유 하나도 무료배송이 되기 때문이다.

더 새로운 곳으로 옮겨가는 고객들

마켓컬리가 처음 새벽배송을 도입했을 때는 많은 사람들이 그 편리함과 새로운 배송시스템에 놀라워했지만, 한국인 특히 서울 사람에게는 이제 일상이 됐다. 지금 새벽배송과 당일배송은 '당연한' 시스템으로 자리잡아 주문상품의 체감이동시간이 제로화된 것이다. 그동안은 이처럼 당일 배송, 체감이동시간을 제로화한 배송이 관건이었다면, 이제는 그것이 경쟁력이 될 수 있는 시대를 넘어섰다. 저렴한 가격과 함께 서비스의 '질'로 경쟁하는 시대가 된 것이다. 고객들은 더 빠르게, 더 저렴하게, 더 질 좋은 서비스를 원하기 때문이다.

박 차장은 친구나 지인의 생일은 물론 아이의 학원이나 과외 선생님에게도 카카오톡 선물하기를 이용한다. 카카오톡 선물하기는 받는 사람이 직접 주소를 입력해 물건을 배송받을 수 있어 전화번호만 알면 번거롭게 주소를 물어보지 않고도 선물할 수 있기 때문이다.

경조사 때도 굳이 계좌번호를 물어보지 않는다. 전화번호만 알면 간편송금이 가능하기 때문에 부득이하게 참석하지 못하는 경조사

감성에 디지털을 입혀라

를 챙기기도 한다.

또한 박 차장은 은행거래를 위해 지점을 찾거나, 컴퓨터를 켜는 일도 극히 드물어졌다고 말한다. 송금은 물론 적금 가입이나 해지 등 대부분의 금융 업무를 스마트폰을 통해 처리하기 때문이다. 박 차장에게 '통장'은 역사 속 유물이 된 지 오래다. 모든 카드와 페이가 스마트폰 안으로 들어오면서 예전에 쓰던 지갑은 이제 주로 서랍 속에 자리하고 있다. 박 차장은 직장동료들이나 친구들과 식사를 하거나 모임을 하면 스마트폰뱅킹과 카카오페이 등을 통해 공인인증서나 보안카드 없이 3초 만에 송금하거나, 토스Toss 앱을 통해 더치페이하는 게 이제는 익숙해졌다. 이처럼 각종 편리한 솔루션들이 기존 고객들의 라이프 스타일을 바꿔놓고 있다.

얼마 전 생일이었던 박 차장은 2주에 한 번 꽃을 집으로 보내주는 '꾸까'의 꽃정기구독 서비스 10주권을 친구에게 선물로 받았다. 선물받은 꽃이 시들 때쯤이면 어김없이 노란박스에 담긴 예쁜 꽃이 집으로 오기 때문에 일상이 조금은 더 특별해진 기분이다.

'큰 손'으로 등장한 '액티브 시니어'

60대 초반 손 여사는 얼마 전 피부관리를 위해 'LED마스크'를 샀다. 150만 원 정도의 고가지만, 2주 정도 사용한 후부터는 만나는 사람들마다 얼굴이 환해진 것 같다는 얘기를 해서인지 돈이 아깝다는 생각은 들지 않는다. 스마트폰뱅킹에도 능숙해 은행을 찾는 일도 드물다. 홍채나 지문인식으로 모든 보안을 필요로 하는 서비스를 이용하고, 기억력이 떨어졌지만 각종 약속은 바로바로 삼성 갤럭시폰의 '빅스비'를 이용해 저장하고 알람을 맞춰놓는 편이다.

손 여사는 대표적인 '어반 그래니Urban Granny'라고 할 수 있다. '어반 그래니'는 '도시Urban'와 '할머니Granny'의 합성어로 가정과 자녀에게 벗어나 자신을 위해 아낌없이 투자하며 제 2의 전성기를 맞고 있는 50, 60대 여성을 뜻하는데, 이러한 신조어의 등장은 그만큼 달라진 고객들의 소비 경향을 보여주는 것이다.

G마켓에 따르면 지난 2018년 한 해 동안 5060세대 소비자에게 가장 인기를 끈 상품은 마스크팩이었다고 한다. 또한 최근 인기를 끌고 있는 고가의 LED마스크도 실버 세대의 구매량이 30~40대와 비슷한 수준이라고 하니, 외모에 대한 관심은 나이와 상관이 없는

감성에 디지털을 입혀라

가보다.

손 여사처럼 경제적 여유와 시간, 건강 등을 갖춘 액티브 시니어들이 많아지면서 이들은 해외여행의 주 고객층으로 떠올랐다. 실제로 2018년 우리나라에서 여행 소비를 주도한 건 '5060 액티브 시니어'였다. 여행업계는 이러한 액티브 시니어를 고려한 프리미엄 상품 기획에 열을 올리고 있다. 뻔한 패키지 여행이 아닌 '미슐랭 맛체험 여행', '럭셔리 일본 료칸 숙박 여행', '인문학 배움 테마여행' 등이 인기다.

몇 년 전만 해도 손 여사와 같은 실버 세대는 디지털 기기에 익숙하지 못하다는 인식이 강했다. 그래서 '효도폰'이라 불리는 폴더폰이 유행하기도 했다. 하지만 지금은 60~70대 이상 연령층을 둘러봐도 폴더폰을 갖고 다니는 사람은 거의 찾기 힘든 상황이다. 실버 세대까지도 디지털 기기를 능숙하게 다루는 사람들이 많아지면서 실버 고객들의 구매 패턴도 달라지고 있다.

그동안 50대 이상 연령층의 경우 직접 매장을 방문해 구매를 하거나 TV 홈쇼핑을 통한 전화 구매가 일반적이었지만, 최근에는 모바일 주문 이용층이 빠르게 늘고 있다고 한다. 액티브 시니어는 손 여사처럼 넉넉한 자산과 고소득을 바탕으로 자신에 대한 투자를 아끼지 않는 것이 특징이다.

삼성경제연구소는 2020년 액티브 시니어의 소비시장이 약 125조 원에 이를 것으로 예측하고 있다. 또 2019년 5월 통신업계에 따르면, 최근 3년 간 50~70대의 데이터 이용량 증가속도가 10~40대의 이용량 증가 속도와 거의 같은 것으로 나타났다고 한다. 실제로 무제한 데이터 요금제를 사용하는 50~70대도 증가추세다. 통신업계에서는 액티브 시니어를 공략하는 '시니어 전용 상담 센터'를 운영하거나 시니어 세대에 필요한 건강관리 정보 플랫폼을 출시하는 등 다양한 활동을 펼치고 있다. 그만큼 이들이 핵심 고객이 될 수 있기 때문일 것이다.

지속적인 경기침체와 함께 불황의 늪에 빠진 유통업계도 50~60대 소비자를 공략하고 있다. 앞서 언급한 손 씨처럼 고가의 피부관리 제품부터 손주들의 장난감까지 구매력이 높아 '큰 손'으로 떠오르고 있기 때문이다.

유통업계도 이러한 추세에 발맞춰 액티브 시니어를 위한 매장으로 리뉴얼하고 있다. 대구백화점은 프라자점 10층에 중장년층을 위한 카페와 생활용품 전문 편집매장 '어울마당'을 열었는데, 패션 지팡이, 보청기, 시니어 맞춤형 의자 등이 주력상품이다.

감성에 디지털을 입혀라

요즘 새삼 느끼는 것은 고객들의 변화는 순식간에 찾아온다는 것이다. 마치 절대 올 것 같지 않던 과거 SF 영화 속 풍경이 내 눈앞에서 펼쳐지고 있는 느낌이다. 이러한 세상에서 우리가 해야 할 일은 무엇일까.

밀레니얼과 같은 새롭게 부상한 고객들뿐 아니라 그동안 우리 기업의 주력 고객이었던 고객들을 살펴봐야 한다. '단골' 고객들도 한순간 다른 채널로 등을 돌리고 발길을 뚝 끊을 수도 있기 때문이다. 우리는 고객들의 변화에 예민하게 촉수를 세우고, 고객들이 나를 찾을 이유를 지속적으로 제공해야 불황의 늪에서도 지속 성장할 수 있을 것이다.

우리의 고객은 누구인가?

이처럼 밀레니얼과 같은 새로운 유형의 고객뿐 아니라 기존의 충성도 높았던 고객들도 서서히, 일부는 급진적으로 변화하고 있는 시대다. 디지털 기술이 제공하는 다양한 솔루션을 경험한 고객들과 더 이상 과거의 방식으로 소통할 수 없게 됐다. 따라서 고객을 유형별로 나누어 각각에 맞는 대응방안을 찾아야 한다.

예전에 작가 이외수 씨가 명예육군헌병으로 위촉이 된 적이 있다. 헌병대를 다녀온 그는 세상이 많이 변했다고 감탄을 했다. 이유인즉, 헌병대에서 고객만족을 이야기하더라는 것이다. 더욱 놀라운 것은 고객을 4분류로 나누어 유형별로 대응안을 마련하고 있었는데, 첫 번째 고객은 사고를 친 병사, 두 번째 고객은 그 병사의 가족, 세 번째 고객은 피해자, 그리고 네 번째 고객은 피해자의 가족이란다. 고객 유형별로 '강압수사를 안 한다' '수사 진척사항을 적시에 알려준다' 등 매뉴얼을 만들어 상황에 맞게 대응하고 있다는 것이다.

99.9%의 일반 시민을 위한 '다산콜센터'

나도 컨설팅을 할 때 가장 먼저 하는 작업 중 하나가, 고객 유형을 분류하여 타깃 고객을 명확히 하는 것이다. 민선 4기 서울시장으로

감성에 디지털을 입혀라

오세훈 씨가 처음 당선됐을 때의 일이다. 여러 인연으로 인해 당선 후 100일 간 서울시의 '창의서울 추진본부'를 자문하게 되었다. 창의시정의 정의를 명확히 하고, 그것을 실현하기 위한 비전하우스 구축과 행정혁신 아젠다를 구체화하는 작업이었다. 무보수였지만 단순한 자문이 아니라 '변화경영반'을 맡아 서울시 행정서비스 혁신들의 큰 그림을 그리기 위해 매주 2번씩 서울시 국·과장들과 회의를 진행했다. 행정서비스를 어떻게 개선할지를 논의하는 자리에서 내가 가장 먼저 한 질문이 '서울시청 공무원들의 고객은 누구인가' 하는 것이었다.

돌아온 대답은 예상했던 대로 '민원인'이라 했다. 하지만 서울시에는 25개의 구청이 있어 각각 민원봉사실을 운영하고 있고, 서울시나 구청 산하에 시설공단·지하철공사 등 수많은 산하기관들이 있다. 따라서 서울 시민 중에서 그러한 일선 행정, 공공기관을 놔두고 서울시청에 직접 민원을 제기하는 사람이 전체 인구의 0.1%도 안 될 것이다.

그럼 서울시청에 근무하는 공무원들에게 민원인을 제외한 99.9%의 일반 시민은 고객이 아니라는 것인가? 그래서 서울시의 고객을 민원인, 일반 시민, 관광객 등으로 세분화하여 고객 유형별로 서비스 향상 전략을 수립하였다. 그 때 일반 시민 고객들의 의견을 적극 수용하고 생활 전반을 도와주는 콜센터를 만들도록 했는데, 이것이 후일 시민들의 생활과 관련된 모든 질문을 들어주는 '다산콜센터'의 탄생으로 이어졌다. 이처럼 우리는 늘 우리의 고객이 누구인지를 질문해보고 고민해야 한다.

고객만족? 고객성공!

가치사슬에 따라 고객정의를 해보면 가치창출 고객인 내부직원, 가치전달 고객인 대리점, 가맹점주, 가치구매 고객인 엔드유저End User로 나눌 수 있다. 지금 최저임금 향상에 따른 편의점 사장님과 알바생들의 갈등이 심각한 사회문제로 대두되고 있다. 퇴직금을 가지고 생계형 창업에 뛰어든 사장님들의 한탄은 가족이 총 동원되어 하루 12시간씩 일해야 본인의 인건비도 겨우 건질까 말까 한다는 것이다. 이것은 편의점뿐 아니라 커피전문점, 치킨점 등 수많은 프랜차이즈 가맹점주들의 공통된 하소연이기도 하다.

감성에 디지털을 입혀라

그런데 이러한 사실이 공공연한 비밀로 많은 보도가 있었음에도 불구하고 이들은 왜 가맹점주가 되었을까? 대부분의 프랜차이즈 본사의 영업팀에는 두 가지 미션이 주어진다. 가맹점주를 확보해서 점포 수를 확장하는 것과, 개업을 한 가맹점을 지도하고 관리하는 일이 그것이다. 회사에 따라 별개의 팀으로 되어 있거나 한 팀에서 두 가지 역할을 동시에 하기도 한다.

패션회사의 영업팀을 컨설팅할 때 내가 주장했던 것은 영업팀이라는 명칭을 바꾸자는 것이었다. 영업팀원들에게는 매년 대리점을 몇 개 오픈시켜야 하는지 목표가 할당되고, 그 목표를 달성하기 위해 모든 정보와 방법을 동원해 대리점주를 설득시켜 오픈을 한다. 아이러니한 것은 오픈한 날부터 대리점주는 잠을 못 자고 고민을 하는데 오픈을 권고한 영업팀원은 목표를 달성했기 때문에 그날부터 다리를 뻗고 잠을 잔다는 것이다.

내가 늘 영업팀원에게 던지는 질문이 있다. 만일 당신 돈이라면, 아니 당신 아버지의 퇴직금이라면 그 자리에 오픈을 했겠느냐 하는 것이다. 영업팀원의 역할이 대리점을 열게 만드는 게 아니라 내가 열게 만든 그 가게를 성공시키는 것이 돼야 한다. 그래서 영업팀의 명칭을 CS팀으로 바꾸자고 주장했다. 여기서 CS란 '고객만족

CS의 다양한 의미

고객서비스
Customer Service

고객만족
Customer Satisfaction

유형별 CS

고객성공
Customer Success

고객지원
Customer Support

Customer Satisfaction'이 아니라 '고객성공Customer Success'을 말한다. 물론 대리점주를 가치전달고객으로 정의하고 고객만족을 추진해도 틀린 말은 아니지만, 우리의 중간고객인 대리점주를 성공시키는 것이 그들의 미션이 되어야 하는 것이다.

이러한 주장은 아주 오래전부터 가져왔던 생각이다. 예전에 외국산 담배(양담배라고도 했었음)의 수입이 자유화되고 나서 담배인삼공사에서 CS컨설팅을 받겠다고 의뢰가 왔다. 흡연자에게 국산담배를 애용하도록 각종 이벤트나 판매서비스를 개선하겠다는 것으로 생

감성에 디지털을 입혀라

각했는데, 담배인삼공사의 생각은 달랐다. 외국에서는 담배 광고가 TV에도 나오고 큰 전광판에 포스터도 붙어 있는데, 한국에서는 법률상 담배회사는 흡연자들을 대상으로 홍보나 마케팅 등 그 무엇도 해서는 안 된다. 신상품 담배가 나오더라도 포스터는 가게 안에 들어가야 보이게 붙여야 한다. 즉, 이번 CS프로젝트의 고객은 흡연자가 아니라 '담배가게 아저씨'였던 것이다. 판매 접점에서 가능하면 국산담배를 추천해 시장점유율을 유지하도록 하는 것이 목표였다. 그래서 영업팀의 역할을 담배 판매, 유통 관리에서 판매점 점주 지원으로 바꾸고, 세무상담, 매장 디스플레이 정리, 경조사 지원에 이르기까지 그야말로 고객지원활동에 주력하도록 했다. 그때 실시했던 CS는 '고객지원Customer Support'활동이었던 것이다.

목표고객에 따른 전략 세우기

25년 전 KMAC에 컨설턴트로 입사해 대한민국에 고객만족 경영을 전파하고 확산시키려 노력할 당시, 산업계에서 말하는 CS는 엄격히 말하면 고객서비스Customer Service였다. 당시 한국의 서비스 수준은 매우 낮았기 때문에, 일본의 서비스 경영방식을 벤치마킹하여 전달하는 것만으로도 큰 반향을 일으켰다. 그즈음부터 KMAC는 고객중심적인 품질경영의 프레임으로 고객만족 경영체계를 구축하고 상품, 서비스, 이미지의 총제적인 고객만족을 추진하는 방법론으로 컨설팅과 교육을 실시해나갔다. 이와 함께 고객만족경영대상이라는 시상제도를 운영해 우수기업의 사례를 발굴, 격려, 확산시킴과 동시에, 산업별 고객만족도지수인 KCSI를 조사·발표함으로써 민간기업은 물론 공공부문의 고객만족 수준을 향상시키는 고객만족의 메카로의 역할을 해왔다.

CS란, '고객서비스Customer Service', '고객만족Customer Satisfaction', '고객성공Customer Success', '고객지원Customer Support' 등 고객을 어떻게 정의하고 고객만족 활동의 목표를 어디에 두느냐에 따라 전략이 달라지는 것이다.

대부분의 전통기업들에는 현재의 소중한 기존 고객들이 있다. 밀레니얼 세대가 글로벌 경제의 주 소비층으로 빠르게 부상하고 있는 것은 사실이지만, 사실 기존 고객들이야말로 현재 시장의 가장 큰 고객이다. 따라서 기존 고객들로부터 지속적인 선택을 받기 위

감성에 디지털을 입혀라

한 노력이 선행되어야 한다. 그런데 여기서 가장 유의해야 할 점은 기존 고객이 예전의 그들이 아니라는 것이다. 따라서 바뀐 고객(어종)을 잡으려면 이제까지와는 다른 경영방식(어선)으로 대응해야 할 것이다.

어선을 바꿔라

일본의 JMAC(일본능률협회컨설팅)를 방문해 잃어버린 20년 동안 있었던 일들에 대해 이야기를 나눌 기회가 있었다. 가장 기억에 남은 말이 '조류가 바뀌면 어종이 바뀌고 어종이 바뀌면 어선을 바꿔야 한다'는 것이었다. 그들은 우리 회사의 어선(컨설팅 아이템)이 무엇인지를 물었다. KMAC는 오퍼레이팅 컨설팅회사이기 때문에 인사, CS, 영업·마케팅, 생산, 품질 등 경영혁신에 필요한 솔루션을 가지고 종합컨설팅을 하고 있다고 하자, 일본에서는 그런 컨설팅 시장이 소규모 회사가 하는 정도로 축소되었고 JMAC는 스마트 팩토리 컨설팅에 집중을 하고 있다고 했다. 그들은 KMAC도 빨리 어선을 바꿀 준비를 하라는 충고를 했다. 즉, 조류가 바뀌어 동해안에 명태가 사라지고 오징어가 나타나면, 명태를 잡던 그물 어선으로는 오징어를 잡을 수 없으므로 집광등을 단 낚싯배로 바꾸라는 비유다.

그들은 일본이 20년 간 불황의 터널을 헤맨 것을 돌이켜 보면서 스스로 이런 반성을 했다. 글로벌 트렌드(조류)가 바뀌어 디지털 혁신으로 고객(어종)과 시장이 바뀌었는데도 그것을 깨닫는 데 10년을 허비했고, 어종이 바뀐 것을 알고도 제 때 대응을 못해서 또 10년을 허비했다는 것이다.

그렇다면 디지털 혁명시대를 맞아 고객만족 전략(어선)을 어떻게 바꿀 것인가.

첫 번째 전략이 '아날로그의 강점혁명'이다. 요즈음 유통시장은 아마존의 공포에 휩싸여 있는데, 온라인 공룡 아마존의 공세에 맞서 오프라인 매장이 선택받으려면 온라인에서는 줄 수 없는 오프라인만의 아날로그 감성을 더욱 강화해야 한다. 즐거운 체험이나 상품 이상의 가치를 제공해 고객이 찾아오게끔 만들어야 한다. 이를 위해서는 고객을 제대로 이해해야 하는데, 고객의 니즈Needs 뒤에 숨어 있는 원츠Wants뿐 아니라, 어떨 때 고객이 가장 좋아하는지 라이크Like까지 알아야 한다.

감성에 디지털을 입혀라

그간 우리가 정한 범위 내에서 할 수 있는 서비스로 대응했다면, 이제는 '고객의 오른쪽 아래 서서 본다'는 개념으로 사전, 사후 고객의 아쉬움과 바람까지 헤아려 챙겨주는 감성서비스로 승부해야 디지털 환경에서도 우리를 찾아야 하는 이유를 분명히 만들 수 있을 것이다.

그리고 또 하나의 방법은, 새로운 고객니즈에 맞춰 감성을 더욱 보강한 우리만의 강점을, 보다 빠르고, 편리하고, 강력하게 전달하고 느낄 수 있도록 디지털 솔루션을 활용하는 것이다. 즉, 감성 강화와 디지털 활용을 통해, 기존 고객과 신규 고객을 만족시키는 전략이 필요한 것이다.

정리해 보면, 조류가 바뀌면 어종이 바뀐다, 그렇다면 바뀐 어종에 맞춰 어선을 바꿔야 하는 것이다. 이제부터 어선을 어떻게 바꿀 것인가에 대해 사례를 중심으로 알아보기로 하자.

삶의 진정한 비극은
우리가 충분한 강점을 갖지 못한 데에 있는 것이 아니라
이미 갖고 있는 강점을
충분히 활용하지 못하는 데에 있다.

_벤자민 프랭클린 정치인

3장

필연성必然性을
높여라

코어에 집중하라

골프를 좋아하는 마니아들은 골프클럽에 대한 욕심이 많다. TV광고를 보거나 필드에 나가서 다른 멤버들이 장타를 치는 것을 보면 드라이버를 바꾸고 싶어지고, '선무당 장구 탓 한다'는 말이 있듯이, 특히 볼이 잘 안 맞으면 클럽을 교체하고 싶어 한다.

하지만 클럽을 바꾸고 나서 고생하는 사람이 많은데, 특히 예민한 아이언을 바꾸고 나서 몸에 익숙해질 때까지 상당기간 헤매는 경우를 볼 수 있다. 골프 스코어에 도움이 되는 클럽교체 방법은, 먼저 자신의 스윙과 근력을 측정해 보고 그에 맞는 클럽을 추천받

구글의 혁신 비율(Google Ratio)

Google | 구글의 제품 혁신 추진을 위한 70/20/10 법칙

핵심 사업
기존 고객을 위한 기존 프로젝트 최적화

인접 사업
기존 사업에서
새로운 영역으로 확대

신규 사업
아직 존재하지 않는
시장에 대한 돌파구를
마련하고 신제품 개발

핵심 사업
70%

인접 사업
20%

신규 사업
10%

아 장만하는 것이다. 즉 브랜드 광고나 다른 사람의 것을 보고 무작정 따라하는 것이 아니라 나에게 맞는 것을 선택하라는 것이다.

기업이 경영혁신을 추진할 때도 마찬가지다. 디지털 혁신시대에 전통기업들이 경영방식을 바꾸지 않으면 생존하기 힘들다고 하지만, 막상 변화를 시도하다가 오히려 낭패를 보는 기업도 많은 게 현실이다. 그럼에도 우리는 그런 실패사례는 알기가 힘들다. 왜냐하면 우리에게는 성공스토리만 알려지기 때문이다.

기업이 생존하고 성장하려면 지속적인 혁신은 필수라 하지만, 문

감성에 디지털을 입혀라

제는 어선(경영방식)을 어떻게 바꿀 것인가 하는 것이다. 여기에 참고가 되는 것이 구글레이셔Google Ratio이다. 구글의 경우 현재의 코어 비즈니스에 70%, 사업 영역을 확대하는데 20%, 전혀 새로운 시장에 도전하는 데 10%의 비율로 자원과 역량을 투입한다.

즉, 먼저 코어에 집중하는 것이 선행되어야 한다는 것이다.

이유 만들기

장기 불황과 디지털 트랜스포메이션이라는 두 개의 파고가 거세게 몰아치고 있다. 하지만 이러한 변화의 소용돌이 속에서 매년 20~30% 이상 급성장하며 승승장구하고 있는 기업이 있다. 이들은 '아마존'과 같은 온라인 쇼핑몰이 고객에게 제공해줄 수 없는 것을 기획하고, 만들고, 제공하는데 집중하고 있다.

단지 물건을 팔려고 하면 오프라인 매장이 아마존을 이길 수 없다고 생각한다. 아마존에 이기려면 고객 관점에서 이 매장이 왜 여기 있어야 하는지 필연성이 있어야 한다. 그 많은 대안을 마다하고 이 매장에 와야만 하는 이유를 고객에게 자신있게 말할 수 있어야 하는 것이다.

한 때 일본 백화점들의 판매서비스를 한국의 백화점들이 벤치마 킹했던 때가 있었다. 거의 모든 백화점에 '엘리베이터 걸'을 앞 다 퉈 배치했었는데, 이것도 전형적인 일본식 서비스를 모방한 사례 다. 당시 일본의 사례를 토대로 강남 유명백화점의 판매서비스 개 선 프로젝트를 진행한 적이 있었다. 그때 내가 가장 놀랐던 것은 판 매사원들이 가지고 있던 '충동구매 유발 가이드라인'이었다.

과거에는 백화점 등 대형유통업체에서 '분수효과'와 '샤워효과' 라는 말이 있었다. 분수효과는 지하 1층에 마련된 식당이나 이벤트 기획전을 통해 고객을 유인해 분수처럼 위로 올라가도록 하는 것 이고, 샤워효과는 백화점 맨 위층에 마련된 이벤트나 레스토랑 등 을 통해 유인한 고객들이 에스컬레이터를 타고 내려오면서 일명 '충동구매'를 하도록 만드는 효과를 의미한다. 그때는 고객들의 충 동구매를 잘 유발시키는 직원이 우수판매사원으로 표창을 받았다.

일례로 어리숙한 옷차림의 일명 '뜨내기 고객'이 매장에 들어오 면, 일단 두 명의 판매원이 붙어서 고객이 입어본 옷과 자신들이 추 천한 옷들을 계속 늘어놓아 그냥 나갈 수 없도록 부담을 준다. 고객

감성에 디지털을 입혀라

입장에서는 가격이 생각보다 비싼 데다, 자신이 매장을 어지럽게 해놓은 게 부담스러워 이 국면을 타계할 핑계를 찾게 된다. 이때 흔히 하는 말이 '다른 건 없어요?'이다. 추천해 준 것들이 마음에 안 든다는 말인데, 이러한 행동은 이미 예상 시나리오에 다 나와 있다. 이럴 때에는 '자존심을 건들어라'고 가이드라인에 나와 있다. 판매원의 준비된 멘트는 '다른 건 아주머니한테 좀 비싸요'이다. 스트레스 풀려고 아이쇼핑 갔다가 스트레스를 받아서 순간 흥분을 한 고객은 '얼마나 비싼데, 좀 봐요!'하며 웬만하면 사게 된다. 이렇게 해서 충동구매를 한 고객은 집에 가서 후회를 하고는 다시는 그 매장이나 나아가 그 백화점에 안 가려 할 것이다. 그래도 상관없다. 그 때만 하더라도 얼마든지 새로운 고객들이 와 줬고, 사과로 치자면 한입 베어 먹고 버려도 배가 찰 수 있었기 때문에, 이런 판매를 하도록 교육하고 있었던 것이다.

이러한 분위기 속에서, 나는 프로젝트의 목표를 '한 번 우리 매장에서 구매한 고객은, 다시 옷을 사려고 백화점에 오시면 가장 먼저 우리 매장을 찾도록 만드는 것'으로 잡았다.

첫 번째 실시한 혁신과제는 판매 매뉴얼을 다 바꾸는 것이었다.

충동구매를 하려 하는 고객이나 망설이는 고객에게는, '맡아 놓고 있을 테니 다른 매장도 돌아보고 와서 결정하시라'고 돌아볼 기회를 주도록 했다. 당장 매출을 올려야 하는 판매원 입장에서는 갈등이 생길 수밖에 없는 일이었지만, 앞으로의 시장에서는 누가 고정고객을 많이 확보하느냐가 중요해지는 때가 오고 있다고 설득했다. 돌아볼 기회를 드렸는데 다시 와서 우리 매장의 옷을 구매한 고객은 다음에 옷을 사러 백화점에 왔을 때도 우리 매장을 가장 먼저 들를 가능성이 높아진다. 이 매장은 이익만을 추구하는 곳이 아니라, 나에게 가장 어울리는 옷을 코디해 줄 것이라는 믿음을 주었기 때문이다.

이 백화점에서는 한 걸음 더 나아가 '유통업'이 아닌 '구매 대행 서비스업'으로 업의 정의를 바꾸기로 했다. 물건을 팔고 수수료를 챙기는 '유통업'을 하려 들면 우리가 아니어도 어느 백화점에서나 같은 상품과 서비스를 받을 수 있으므로 '우리가 아니면 안 되는 이유'를 설명할 수 없다. 구매대행 서비스란, 우리의 고객들이 가장 원할 것 같은 상품을 전문가인 우리가 선별해서 구매를 해 놓고, 고객이 오시면 가장 어울리는 옷으로 코디를 해드리거나 트렌디한

감성에 디지털을 입혀라

상품으로 제안해 드리겠다는 것으로, 이윤추구보다는 고객만족을 최우선으로 하겠다는 의미를 담고 있다. 그러한 취지에서 상징적으로 시행한 시책이 '구매 후 마음에 안 들면 바꿔드리겠다'는 모험적인 리콜 서비스였다. 한마디로 새로 산 옷을 입고 동창회에 나갔는데 친구들이 칭찬을 안 하면 바꿔드리겠다는 것이다. 악용당할 소지가 다분하다고 반대하는 의견도 있었다. 그러나 이러한 서비스를 실시한 결과 전체 매출의 상당 부분을 차지하는 VIP 고객의 수와 평균 객단가가 늘어나는 성과를 거둘 수 있었다.

이처럼 고객에게 우리 매장을 찾아야 할 이유, 즉 필연성을 제공해주기 위해서는 먼저 우리의 강점으로 내세울 수 있는 것을 한 단계 더 업그레이드해야만 하는 것이다.

오프라인 매장의 5가지 생존전략

성공하는 기업이나 매장에는 그럴만한 특별한 이유가 있다. 디지털 혁신에 앞서 나는 성공하는 오프라인 매장들이 추진하고 있는 다음과 같은 5가지 핵심전략을 벤치마킹해 볼 것을 제안한다. 고객들로부터 꾸준히 선택받는 기업들은 무엇이 다를까.

첫째, 상품만이 아닌 특별한 가치가 있다.

자사의 강점을 바탕으로 차별화된 가치를 줄 수 있는 상품이나 서비스를 기획해 고객에게 인정받고 있다. 이 때 중요한 것은 상품이 아닌 그것을 통해 얻을 수 있는 경험, 감동, 라이프스타일을 제안하는 것이다. 온라인에서는 줄 수 없는 상품과 서비스를 기획한다면 이 곳에 와야 할 충분한 이유를 만들 수 있을 것이다.

둘째, 페인 포인트 Pain Point**를 해결해 준다.**

고객의 바람, 희망, 아쉬움, 불편함, 성가심을 찾아 해결해 주어야 한다. 즉, '내가 할 수 있는 서비스'가 아니라 '고객이 원하는 서비스'를 할 수 있어야 하고, 그러기 위해서는 고객의 니즈Needs, 원츠Wants, 라이크Like를 파악해 '기대 이상의 감동'을 주기 위해 노력해야 한다.

셋째, 혼이 담긴 서비스를 한다.

대표적으로 일본의 '오모테나시'정신을 들 수 있다. 오모테나시란 진심으로 고객을 접대한다는 뜻의 일본어인데, 정성과 배려가

감성에 디지털을 입혀라

담긴 친절한 인적 서비스야말로 오프라인만이 줄 수 있는 가치일 것이다.

넷째, 프로 전문가의 도움이 있다.

전문성을 갖춘 프로 판매원의 어드바이스는, 고객이 오프라인 매장에 반드시 와야 할 가장 강력한 이유를 제공해준다.

다섯째, 관행과 상식의 틀을 깬 즐거움이 있다.

뻔한 제품기획과 서비스는 고객에게 즐거움을 주기 힘들다. 이제까지 없었던 새로운 형태의 서비스야말로 오프라인 매장을 방문하는 가장 큰 즐거움이자 이유가 될 것이다.

(1) 상품만이 아닌 특별한 가치가 있다

여성 운전자들이 교통사고가 나면 가장 먼저 누구에게 연락할까? 보험회사가 아닌 남편을 비롯한 가족들이라고 한다. 하지만 직장에 있는 남편이 연락을 받더라도 바로 현장에는 가 볼 수 없는 상황이고, 이 때 가장 의지를 하게 되는 사람이 보험회사의 현장 출동 직원이다. 사고가 난 쌍방의 보험회사 직원들이 각자의 고객을 보호

하기 위해 최선의 노력을 한다고 하지만, 내 가족이 챙겨주는 것처럼 느끼게 하기는 힘든 게 사실이다. 그래서 S손해보험에서는 '서비스 아이덴티티Service Identity'를 '내 일처럼'이라고 정하고, 현장출동 직원들이 처리과정에서 내편에 서서 열심히 챙겨주었다는 느낌이 들도록 서비스 표준을 정교화 했다. 서비스 아이덴티티란 '우리 회사가 목표시장에서 고객에게 서비스를 제공할 때 꼭 느끼길 원하는 가치'를 말한다. 즉, 우리가 고객에게 전달하고자 하는 서비스 이미지의 지향점으로, 고객이 우리를 통해 경험하게 하고자 하는

서비스 아이덴티티(Service Identity) 구축 체계

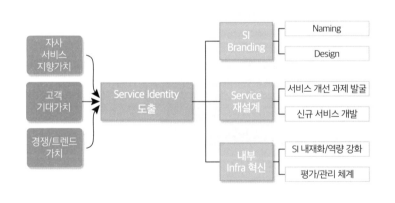

감성에 디지털을 입혀라

서비스 경험가치를 말하는 것이다.

　고객들로부터 사랑을 받는 매장은 쇼핑몰이든, 레스토랑이든, 호텔이든 기본적인 상품만이 훌륭한 것이 아니라 고객들에게 여기서만 느낄 수 있는 특별함, 즉 '경험가치'를 제공해 주는 곳이다.

책이 아닌 라이프 스타일을 판다

'전 세계에서 책을 가장 많이 읽는 국가'인 일본. 하지만 책을 읽는 사람들이 줄어드는 것은 일본도 예외인 상황은 아닌 것 같다. 니혼게이자이신문에 따르면 2018년 일본 내 종이책 총 매출액은 1조 2800억 엔으로 14년째 줄고 있다고 한다. 이로 인해 서점 수는 반토막이 났지만, 한편으로 서점을 부활시키려는 시도는 이어지고 있다. 일본의 대표 서점인 츠타야는 '책이 아닌 라이프 스타일'을 제안하는 전략으로 부활을 이끌고 있다.

　신주쿠에는 일명 '책이 사는 아파트'가 있다. 바로 츠타야 북 아파트먼트인데 공간 사용료(시간 당 500엔 정도)를 내고 이용하는 공간이다. 이 공간은 2층부터 6층까지로 구성돼 있는데 2~3층은 스타벅스와 함께 있는 라운지 공간, 4~5층은 코워킹 공간과 휴식, 독서 공간이다. 6층은 여성 전용 공간으로 돼 있다. '북 아파트먼트'라는 이름답게 책을 읽다가 피곤하면 잠을 잘 수도 있고, 샤워를 하거나, 마사지를 받으며 휴식을 취할 수도 있다. 커피나 차를 마시며 책을 읽거나 업무를 하는 등 각자의 시간을 가질 수 있다.

최근 츠타야의 간판 매장인 다이칸야마의 서점을 벤치마킹 차 방문한 일이 있다. 소문대로 츠타야 서점의 가장 큰 특징은 책의 진열방식이 다르다는 점이다. 우리나라 서점에서는 보통 소설, 경제경영, 에세이 등으로 구분하여 진열하는데 이렇게 하는 것이 편의성이 높다고 해서 서점가에서는 상식으로 되어 있다. 하지만 츠타야는 책을 주제별로 구분한다. 자동차, 요리, 여행, 영화와 건축 등등이다. 그리고 자동차 코너에서는 자동차 관련 책과 잡지뿐 아니라 자동차 모형과 용품을 함께 전시한다. 또한 바디나 뷰티와 관련한 잡지나 서적은 헤어드라이어, 제모기, 안마기, 마사지기 등의 뷰티 디바이스와 함께 배치해 판매하고 있었다.

요리책을 파는 코너에 가 보니 책과 함께 간장과 장아찌류, 소스

감성에 디지털을 입혀라

등 요리에 필요한 재료가 함께 진열되어 판매되고 있었는데, 재미있는 것은 이 코너에서 가장 많이 팔리는 것은 요리책이 아닌 간장이라 했다. 사실 요리책을 보면 레시피와 함께 필요한 양념재료가 나와 있는데, 쉽게 구하기 힘든 재료도 있을 뿐 아니라 그것을 사러 별도로 마트 등을 가야 하는 번거로움도 있는 게 사실이다. 츠타야는 요리에 관심을 가지고 내점한 고객에게 요리 관련 서적은 물론 요리방법을 실습할 수 있는 이벤트나 필요한 재료를 함께 제공해 즐겁고 건강한 식탁을 꾸밀 수 있는 라이프스타일을 제안한 것이다.

츠타야 서점의 이러한 배치는 단순히 차별화를 위한 것이 아니다. 다른 서점들의 경우 효율성도 떨어지고 수익률 저하를 가져올

도쿄에 위치한 츠타야서점 내부

수도 있기 때문에 시도하지 못하는 이러한 콘셉트를 고수하는 이유는 뭘까.

고객은 이미 '써드 스테이지'에 있다

츠타야 서점의 마스다 사장은 "소비자들은 퍼스트, 세컨드 스테이지를 넘어 써드 스테이지로 가고 있기 때문에 변화하는 고객과 만나기 위해서는 공급자들이 소비자에게 한 발 더 다가가는 전략이 필요하다"고 강조한다. 제품이 부족해서 만들기만 하면 팔리던 시대가 퍼스트 스테이지이고, 다양한 제품이 과잉공급 되면서 소비자 접점 즉, 플랫폼이 중요한 시대가 세컨드 스테이지라면, 이러한 플랫폼들도 넘쳐나면서 변화하는 고객에게 제품과 서비스를 제안하는 능력이 중요해지는 시대가 '써드 스테이지'라는 것이다.

츠타야가 라이프 스타일을 제안하는 이유가 바로 기존 세컨드 스테이지의 서점 전략(플랫폼) 즉, 책을 파는 것으로는 고객을 서점으로 오게 만드는 데 한계에 도달했기 때문이다. 결국 고객에게 매

감성에 디지털을 입혀라

력적인 라이프 스타일을 '제안'하는 전략을 시도하게 된 것이다. 이제는 책을 팔려고 들면 아마존을 이길 수 없다. 오프라인 매장에 와야만 하는 필연성을 만들어야 생존할 수 있다는 사실을 츠타야의 성공사례가 대변해 주고 있다.

'공간'이 아닌 '시간'을 제안하는 리조트

고소영, 고현정, 이준기 등 유명 연예인들의 인스타에 자주 등장하는 일본 최고급 호텔 체인을 운영하는 호시노리조트. 사진만 봐도 현 세계에서 존재할 것 같지 않은 감탄할 만한 풍경과 시설을 자랑하는 이 곳은 룸에 따라 1박에 100만 원 이상의 높은 가격에도 불구하고 많은 사랑을 받고 있다. 이처럼 비싼 요금을 내고 고객들이 호시노리조트를 찾는 이유는 뭘까. 그것은 바로 '있는 것을 팔려고 하지 마라. 이곳에서만 느낄 수 있는 새로운 감동(경험)을 줄 수 있어야 한다'고 하는 호시노리조트의 경영철학이 있기 때문이다.

외국 관광객들에게 일본 전통여관인 료칸을 선택하는 이유를 물어보면, 우선 일본식 다다미가 깔린 운치 있는 방과 노천온천, 눈과 입을 즐겁게 하는 전통요리, 정성과 격식이 느껴지는 직원들의 서비스를 언급한다.

하지만 호시노 요시하루 호시노리조트 사장은 "시설과 음식, 서비스와 같이 이미 갖춰져 있는 것, 정해진 것을 팔려고 하지 마라"고 말한다. 그는 고객들에게 감동을 주고 호시노리조트에서만 느낄 수 있는 색다른 경험과 추억을 줄 수 있어야 한다고 강조한다.

이에 각 지역에 위치해 있는 호시노리조트에서는 매 분기마다 '매력회의'라는 것을 열고 있다. 호시노 사장을 비롯한 모든 스텝들이 머리를 맞대고 이번 분기에는 고객들에게 어떠한 이벤트나 프로그램을 통해 '매력적인 경험, 추억, 감동'을 제공할 것인지 아이디어를 모으는 회의다. 이와 같은 노력을 지속해온 것이야말로 일본 최고의 리조트 그룹으로 부상한 원동력이 된 것이라고 생각한다.

호시노리조트는 현재 일본 국내·외에 37개(2018년 기준)의 호텔과 리조트를 운영하고 있으며, '호시노야(럭셔리 리조트)', '카이(온천료칸)', '리조나레(리조트 호텔)', 그리고 '오모(도심 관광 호텔)' 등 4개의 주요 브랜드를 갖고 있다.

감성에 디지털을 입혀라

호시노리조트의 시설과 풍광

타깃고객 별로 차별화한 4개 브랜드

호시노리조트의 각 브랜드는 타깃고객을 명확히 분류하고 있다. 럭
셔리 리조트인 호시노야와 온천 료칸인 카이의 주 타깃은 여행의
결정권을 갖고 있는 '중년 여성'이다. 대부분의 가정에서 여행지의
숙박은 여성들 특히 그 집안의 주부들이 결정한다. 그래서 호시노

야는 이들 고객이 선호하는 노천온천은 물론 헤어드라이어와 같은 객실 내 비품 하나하나까지 중년 여성들이 선호하는 기능과 디자인을 감안해 세심한 서비스를 제공한다.

그리고 호시노 사장은 철저한 고객과 시장의 수요조사를 통해 일본에서도 온천에 연연해하지 않는 고객층이 있다는 사실을 알아냈는데, 바로 12세 미만의 어린이와 그 부모들이었다. 일본 사람들은 어릴 때부터 남에 대한 배려가 몸에 배어 있어서, 자신의 아이들이 남에게 피해를 줄까봐 노심초사하는 경향이 있다. 도쿄 근교 아타미에 있는 리조나레 리조트는 온천이 없다는 약점 때문에 폐업의 위기까지 갔지만, 호시노 사장이 이를 아이들이 마음껏 뛰어놀 수 있는 시설로 리노베이션하여 어린이를 동반한 가족여행에 적합한 리조트로 특화한 결과 큰 호응을 얻고 있다.

럭셔리 리조트 호시노야에서는 '디지털 디톡스 여행'이라는 일상을 벗어난 신비로운 공간감을 제공하고 있다. 먼저 리조트에 들어서면 작은 상자 하나에 자신이 갖고 있던 스마트폰과 디지털 기기를 담아 보관하게 한다. 디지털 기기에서 벗어나 각 지역의 자연과 지역 문화를 체험하고 경험할 수 있는 '뱃놀이'등의 액티비티에 집중하게 하기 위함이다.

감성에 디지털을 입혀라

디지털 디톡스 여행은 최근 디지털 기기에 둘러싸인 생활로 몸과 마음의 피로와 스트레스가 쌓인 사람들에게 이를 완화시킬 목적으로 실시하여 큰 반향을 일으키고 있다.

2018년 런칭한 '오모'는 리조트 지역이 아닌 도시부를 중심으로 비즈니스 호텔을 이용하는 고객층이 대상이다. 오모는 새로운 여행을 제안하는 도시 관광호텔 브랜드로서, 잠만 자는 공간이 아니라 여행의 기분을 돋워주는 도시 관광호텔을 지향한다. 여행지를 통째로 즐기는 호텔 주변의 로컬한 매력과 위트 있는 프로그램이 가득하다.

이처럼 호시노리조트는 다양한 콘셉트의 4가지 브랜드를 운영하며, 일본의 전통문화와 어우러진 특별한 체험을 기획해 높은 인기를 얻고 있다. 즉, 시설이 아닌 경험이라는 새로운 가치로 승부하고 있는 것이다.

경험이라는 새로운 가치 제공

이처럼 호시노야는 물론, 일본의 유명한 전통 료칸들은 시설과 풍광, 전통요리로 승부하는 것에서 나아가 그곳에서만 느낄 수 있는 경험을 디자인하는데 심혈을 기울이고 있다.

얼마 전 국내 리조트 회사의 임원들과 함께 교토의 아라시야마에 있는 '스이란'이라는 최고급 료칸식 호텔을 방문하여 총지배인과 간담회를 겸하여 1박을 한 일이 있었다. 그동안 일본을 수없이 다니며 많은 료칸에 묵어 봤지만 하룻밤에 100만 원씩 하는 료칸은 처음인지라 과연 어떤 곳일지 궁금하기도 했다. 분명 시설이나 모든 서비스가 품격이 남다르다는 느낌은 받았지만 5배 이상 비쌀 이유를 찾기 어려웠는데, 총지배인의 설명을 듣고는 충분히 그만한 가치가 있다는 생각이 들었다.

항상 거의 만실인 스이란의 주요 고객은 의외로 외국인이 80%를 차지하고 있었다. 외국의 고급 여행클럽의 회원들이, 교토에서 가장 일본을 잘 느낄 수 있는 료칸이라는 명성을 듣고 스이란을 찾는단다. 뛰어난 주변의 풍광, 일본식 전통을 살린 객실, 고품격의 코스요리 등도 충분히 감동을 줄 수 있지만, 인력거로 아라시야마역에서 손님을 모시고 오고, 호텔 근처에 위치한 사찰의 주지스님에게서 직접 배우는 참선수행, 전통 다도교실에서 체험하는 일본의 차茶, 뒷산에 있는 일본 최대의 대나무 숲길 치쿠림竹林탐방과 일본

감성에 디지털을 입혀라

식 정원 산책 등, 이 곳이 아니면 경험하기 힘든 특별한 시간을 제공하고 있었다. 즉 '공간'이 아니라 '시간'을 제안하는 것이 차별화 전략이었던 것이다.

(2) 페인 포인트Pain point를 해결해준다

모든 동물에는 무기가 있다고 하는데 토끼의 무기는 귀다. 토끼가 먼 곳의 사소한 소리까지 감지할 수 있는 '듣는 능력'으로 생존하는 것처럼, 우리도 고객들의 내면에 있는 불편함과 번거로움, 귀찮음, 아쉬움과 같은 '아픔의 소리Pain point'를 들을 수 있어야 한다.

과거에는 고객과의 접점을 MOTMoment of Truth 즉, 진실의 순간이라 하여 고객이 우리의 서비스와 접해 품질을 평가하는 순간이라고 정의하고, 고객의 행동분석을 통해 각 접점에서 고객에게 제공해야 할 서비스 표준을 정하고 관리해왔다. 지금도 유효한 방법이기는 하지만 이제는 표준을 지키는 수준의 서비스로는 선택을 받을 수 없을 정도로 대부분의 서비스가 상향 평준화 되어 있다.

진정한 서비스란 우리가 할 수 있는 서비스를 하는 것이 아니라 고객이 원하는 서비스를 하는 것이다. 따라서 접점별로 고객들의 바람과 희망인 위시 포인트^{Wish Point}뿐 아니라, 아쉬움과 불편함인 페인 포인트^{Pain Point}가 무엇인지를 세밀하게 파악해야 한다. 큰 부담만 없다면 설령 우리의 서비스 범위를 벗어나거나 할 의무가 없다고 하더라도, 이런 것까지 해결해 줄 때 진정한 차별화가 가능해지는 것이다.

고객 안심 서비스

납기약속 통화	고객 대면 전	설치·마무리	설치 후 서비스
• 레터링(발신자 메시지 표시) 서비스 전 CSM 가입 • 낯선 전화번호 미수신 고객 케어	• 방문 CSM에 대해 사전에 고객이 인지 가능하도록 인사말, 사진, 연락처가 담긴 포토메일 발신	• QR코드 안에 CSM 명함 정보 수록 및 설치 후 제품 부착으로 전 제품 설치 실명제 도입	• 구매제품의 활용 Tip, 주의사항, 자가진단이 수록된 모바일용 제품별 간단설명서 제공

삼성전자 설치팀
010-9?36-71??

010-2***-1234

설치기사 하**
010-2***-1234
제품문의 1588-3366

세탁기

감성에 디지털을 입혀라

고객의 불안감을 해소하라

"전기검침원 등을 가장해 장애인, 노인 등 부녀자 혼자 거주하는
집에 침입해 상습적으로 성폭행 및 강도짓을 일삼은 40대가 경찰
에 붙잡혔습니다…"

한동안 TV 뉴스에서 택배기사나, AS 수리기사, 전기·수도 검침
원 등을 가장한 범죄가 늘어나고 있다는 소식이 자주 들려오곤 했
었다. 이런 뉴스를 들으면 주부들은 가전제품을 설치하거나 수리하
러 오는 기사들에 대해 불안감을 갖게 된다.

삼성전자서비스는 '불안감'이라는 페인 포인트에 주목해, '고객
안심 서비스'라는 새로운 서비스를 실시하고 있다. 과거에는 A/S와
관련된 불만이 주로 수리비가 비싸다거나 다시 고장이 났다는 식
의 업무와 관련된 것이 주류였다면, 최근에는 기사들이 다녀가면
냄새가 난다거나 불안하다는 식의 감성적인 불만이 늘어났다. 어
찌 보면 본연의 의무인 A/S만 잘 하면 되는 것이라고 무시할 수도
있었겠지만, 이러한 불안감까지 해소시켜주는 것이 진정한 CS라고
생각하고 새로운 서비스를 실시하기로 한 것이다.

고객이 AS 서비스를 신청하면 방문하기로 한 날 아침에 담당기사의 연락처와 사진을 함께 넣은 포토메일을 스마트폰으로 발송한다. 이 한 통의 영상메일은 주부들에게 안심하고 방문 기사를 맞이할 수 있도록 해주는 효과와 함께, 설치 및 A/S 실명제를 도입해 책임감을 갖게 함으로써 서비스에 대한 만족도를 높이는 성과를 거두고 있다.

우리 호텔만의 추천거리를 만들어라

한 가족이 부산으로 가족여행을 가기로 했다. 서울에서 KTX를 타고 부산역에 도착하여 이왕이면 부산의 정취를 느낄 수 있는 해운대의 호텔에서 숙박을 하기로 했다. 해수온천도 즐기고 밤바다도 거닐며 해운대에서의 시간을 만끽하고, 다음날 부산의 다른 명소를 돌아보기로 했다. 그런데 다음날 아침 체크아웃을 하고 다른 곳을 가려고 하니, 문제는 짐이었다. 호텔 측에서는 안전하게 짐을 보관해 주겠다고 하지만 별로 도움이 안 된다. 왜냐하면 해운대까지 짐

감성에 디지털을 입혀라

을 찾으러 다시 와야 하기 때문에 멀리 갈 수가 없기 때문이다.

파라다이스호텔 부산은 이러한 고객의 페인 포인트를 파악하고 특급호텔 최초로 부산역에 '레일 데스크'를 운영해 고객의 수화물 위탁 서비스를 제공하고 있다. 오전 11시까지 해운대에 위치한 호텔에 맡긴 짐은 관광을 즐긴 후 부산역에서 찾으면 된다. 반대로 고객이 KTX 부산역에서 짐을 맡기고 관광을 하다가, 오후에 해운대에 위치한 호텔로 가면 그곳에서 짐을 찾아 체크인을 할 수도 있다.

부산 해운대 백사장 주변에는 많은 특급호텔이 있다. 모든 호텔이 멋진 전망과 쾌적한 시설을 자랑하고 있어서 차별화 포인트를

레일 데스크 운영을 통한 페인 포인트 해결

< 체크인 >
부산역 2층 파라다이스호텔 부산 레일 데스크에 수화물 접수
 --> 해운대에 위치한 호텔에서 자신의 짐을 찾아 체크인

< 체크아웃 >
오전 11시 이전 체크아웃 후 호텔 본관 벨 데스크에 수화물 접수
--> 부산역 2층 파라다이스호텔 부산 레일 데스크에서 수령
  (오후 2시~7시 사이)

만들기 쉽지 않다. 파라다이스호텔 부산은 '우리 호텔만의 추천거리를 만들어라'는 서비스 차별화 추진전략의 일환으로, 체크아웃 이후의 고객의 불편까지도 파악해 해결해 주려는 노력을 펼친 결과 부산경남 지역 내 선호 1위의 호텔로 인정받고 있는 것이다.

번거로움을 카이젠하라

일본의 경우 사전에 차고를 확보하지 않으면 차를 살 수가 없다. 따라서 차고지 증명서를 발급받아야 차를 가져올 수 있는데, 보통 증명서 신청에서 발급까지 15일 정도 걸린다. 따라서 차고지 신청과 동시에 주문을 받아서 15일 이내에 차를 고객에게 갖다 주면 재고도 없고, 고객의 만족도도 올라가게 된다.

도요타 자동차는 여기에 착안해 고객이 차량을 주문하면 차고지 증명 처리와 동시에 15일 이내에 차를 받을 수 있도록 함으로써 고객만족도를 크게 높임과 동시에 재고를 획기적으로 줄일 수 있었다. 또한 고객은 차만 즐기고 차에 관한 골치 아픈 일Pain point은 모

감성에 디지털을 입혀라

두 도요타 영업 담당자가 맡아서 해결해 주는 시스템을 운영하고 있다. 고객들이 차를 구매하면 차량정비, 보험, 리스, 중고차 거래 등 여러 가지 필요한 업무가 주어지는데, 이 과정이 여간 신경이 쓰이고 불편한 게 아니다. 대부분의 영업사원은 판매하기 전과 판매 후의 관심과 태도가 달라지는데, 도요타에서는 영업사원의 업무체계를 풀 서비스 시스템으로 개편하여 고객의 카 라이프 전반을 끝까지 책임지고 케어 하도록 했다.

차량관리기록부도 영업 담당자가 작성하고, 차량 사고도 영업 담당자만 찾으면 해결된다. 이러한 고객 서비스 결과 고객은 차량 담당자와 지속적인 관계를 유지하게 되고, 다음 신차를 구매할 때도 재구매율도 높아지는 결과도 가져왔다. 이 덕분에 도요타는 한 번 잡은 고객을 계속 유지할 수 있었고, 신차에 대한 수요예측 가능성이 높아지는 효과를 보고 있다.

(3) 혼이 담긴 서비스를 한다

일본은 접점 종업원들의 정성어린 서비스가 가장 큰 경쟁력이라

할 수 있을 정도로 높은 서비스 수준을 유지하고 있다. 각 기업에서는 이러한 서비스를 유지하기 위하여 어떠한 교육과 노력을 하고 있는지 알아보러, 나는 우리나라 통신회사 콜센터 관리자들을 인솔하여 NTT도코모를 방문했다. CS담당 임원과의 대담 시간에, 신입 직원이 들어오면 서비스 스킬을 가르치기 위해서 어떤 프로그램으로 얼마나 교육을 시키는지 물었다. 돌아온 대답은 그런 교육은 안 시킨단다. 그럼 교육도 안 시키고 어떻게 서비스 품질을 유지하느냐고 되묻자 그냥 한마디 한다고 한다. "받던 대로 하세요."

이제까지 당신이 고객으로서 받던 서비스를 이제는 제공하는 입장이 되었으니까, 늘 받던 대로 고객에게 정성을 다해 서비스를 하면 된다는 것이다. 즉 서비스는 '스킬'이 아니고 '마인드'라는 점을 강조하는 이야기였던 것이다.

흔히 일본인들은 유니폼을 입으며 목소리가 한 옥타브 올라간다고 한다. 일종의 프로정신인데, 이것을 한마디로 표현한다면 '오모테나시'정신이라고 할 수 있다. 제품과 서비스에 정성을 다하는 것이야말로 오프라인 매장만이 가질 수 있는 최고의 경쟁력이라 할 수 있을 것이다.

감성에 디지털을 입혀라

오모테나시의 브랜드 철학이 담긴 자동차

직접적으로 '오모테나시'를 체험할 수 있는 료칸이나 호텔, 유통서비스 같은 접객 영역뿐 아니라 일본 기업의 제품 개발에도 '혼을 담은 서비스 정신'은 찾아볼 수 있다. 렉서스는 제품개발에 있어 오모테나시를 철학으로 새겨두고 최고의 대접을 지향하고 있다.

예를 들면, 창문을 여닫을 때 충격을 줄이기 위해 끝에서 부드럽게 창문을 움직이도록 속도를 줄이는 기능, 낮은 세단에 고객이 더 쉽게 탈 수 있도록 문을 열면 차체를 들어 올리는 기술, 적외선으로 체온을 측정해 최적의 온도를 알아서 찾는 기능 등 운전자가 예상하지 못한 세심한 배려를 제공하고 있다.

렉서스의 최초모델인 LS 400도 이러한 정신이 깃들어 있다. 지금은 대부분의 차에 적용되고 있긴 하지만 당시만 해도 혁신적인 기술이었다. 차 키를 꽂으면 자동으로 운전대가 운전자 쪽으로 기우는 기능을 비롯해 파워트레인과 함께 서스펜션 모양까지 하나하나 매만져 완성한 조용한 차체 내부는, 더욱 안락한 공간을 대접하고 싶은 오모테나시의 발현이었다.

최근 거듭난 렉서스 LS 5세대도 오모테나시 정신을 그대로 보여주고 있다. 도어를 열면 은은한 조명과 고급스러운 인테리어가 정성껏 반긴다. 승하차를 할 때 좌우 튀어나온 쿠션을 바깥으로 눕혀 허벅지가 걸리지 않도록 배려한다. 또한 뒷좌석 시트를 눕힐 때 바닥 쿠션을 아래로 낮춰 승객이 누웠을 때 안정감을 주도록 설계했다. 이러한 것들은 차의 성능과는 전혀 상관없이 고객 만족을 제공하기 위한 혼을 담은 서비스라고 할 수 있다.

해외에도 진출한 오모테나시 서비스

일본은 오랜 불황 속에서 제조업이 침체되는 가운데, 일본을 대표하는 서비스인 오모테나시를 제품 철학에 반영하고, 이를 해외에 알리는 사업을 전개해왔다. 특히 정부 차원에서 해외에 진출하는 기업들 중 오모테나시 정신을 서비스에 활용하는 기업을 지원해왔다.

지금까지 '메이드 인 재팬'은 제조업 분야의 가전제품, 자동차, 기술에 국한돼 있었다. 그러나 이러한 틀에서 벗어나 편의점, 택배,

136

미용, 홈 보안 서비스 등 분야에서 오모테나시라는 접객의 기술을 통해 다른 나라와 차별화된 지위를 갖춰 미래 서비스를 선도하려고 하는 것이다.

불황이 한창이던 2008년, 시세이도는 불황 극복을 위해 오모테나시를 해외 각국의 언어로 번역해 직원들에게 침투시켜나갔다. 미국, 중국, 러시아, 한국 등 시세이도 제품을 다루는 해외 매장에서 오모테나시 서비스를 제공한 것이다. 특히 중국에서는 2008년 상하이에 교육센터를 설립해 웃음과 몸가짐, 상품을 가리키는 손짓, 제품을 쥐는 법에 이르기까지 세세한 부분까지 교육하기 시작했다. 실제로 헤어숍에 가보면 이러한 세세한 부분에 의해 만족도가 달라지는 것을 경험해본 사람들이 많을 것이다. 시세이도는 이처럼 세세하지만 고객 입장에서 서비스의 차이를 느낄 수 있는 부분들에 집중했다.

또한 직원들이 단순히 고객들에게 제품을 파는 것에 그치지 않고 고객이 진정으로 아름다운 신체를 가질 수 있도록 조언을 하게 했다. 고객의 건강한 아름다움을 중시하는 이러한 서비스는 고객과의 신뢰를 형성하게 돼 꾸준히 단골 고객이 늘어나는 선순환 구조를 만들 수 있었다.

또 시세이도는 소리 즉, 음파가 피부에 미치는 영향을 과학적으로 연구해 피부가 더 편안해지는 음역대를 발견했는데, 마사지를 받을 때 고객이 눈을 감고 있기에 소리에 더 예민해진다는 점에 착안해 이러한 음악을 살롱에서 제공해 더 편안한 서비스를 받을 수 있도록 했다. 이처럼 시세이도는 일본의 오모테나시 정신을 접목해 헤어 살롱에서의 특별한 경험을 제공하고 있는 것이다.

"고객 서비스도 리콜합니다"

가루이지와의 '손민村民식당'에 전화가 걸려왔다. 가끔 이곳에 들러 소주 2잔을 반주로 메밀국수를 먹고 가는 노부부였다.

"평소에는 소주가 먼저 나오고 술을 다 마실 때쯤 메밀국수가 나왔는데, 그 날은 두 가지가 동시에 나오는 바람에 메밀국수를 먹을 때쯤에 면발이 딱딱하게 굳어있었다"는 것이다.

전화를 받은 담당자는 다음 날 조리담당자를 데리고 노부부의 집에 찾아가 직접 사과를 드렸고, 조리담당자는 즉석에서 메밀국

감성에 디지털을 입혀라

수를 요리해 노부부에게 대접했다. 이처럼 전통이 있는 작은 식당에서도 서비스까지 리콜하는 정신으로 고객만족에 최선을 다하고 있다.

요즘 젊은이들은 개성이 강하고 남에 대한 배려가 예전 같지 않아서 이러한 장인정신이 전수되지 못할 것이라고 염려하는 사람들이 많다. 하지만 보통 일본의 요릿집에서 회칼을 잡으려면 적어도 5년은 생선비늘을 벗기고 양파를 까는 허드렛일부터 해야 한다고 한다. 가장 기본적인 일에서 시작해서 점차 요리를 배워가는 과정이 길기도 하지만, 그 전수과정에서 가장 중요시하는 것 중 하나가 요리솜씨나 점포 운영 노하우와 더불어 철저한 장인정신, 즉 오모테나시 정신이다.

일본의 식당 출입구에는 '노렌'이라는 천으로 된 가림막이 있다. 영업을 시작하면 노렌을 걸고 영업이 끝나면 노렌을 거둔다. 이 노렌에는 각 점포의 문양이 새겨져 있는데, 직원으로 들어와 어느 정도 숙련이 되어 점포를 독자적으로 운영할 준비가 되었다고 판단되면 노렌을 나눠 준다는 의미의 '노렌 와케(분점을 차려주는 것)'를 해 준다. 천방지축 젊은이들이 묵묵히 몇 년을 수행하는 것은 내 점포를 차릴 수 있다는 희망이 있기 때문이다.

여러 가지 유형의 노렌

이러한 제도를 통해 각 점포의 맛과 고객에게 정성을 다하는 전통을 이어가고 있는 것이다.

(4) 프로 전문가의 도움이 있다

두 개의 은행 지점이 멀지 않은 거리에 붙어 있다. A라는 은행의 창구 직원은 매우 친절한 반면, B라는 은행의 창구 직원은 쌀쌀맞다. 그렇다면 우리는 당연히 A은행을 선택할 것이다. 그런데 여기 퇴직금을 맡기려는 한 고객이 있다. A은행의 친절한 직원은 계약직

감성에 디지털을 입혀라

으로 입출금을 전담하는 직원이고 B은행의 쌀쌀맞은 직원은 자산 관리 전문가이다. 이 고객은 어느 은행을 선택해야 할까.

냉정히 생각을 해 보면 고객들이 우리 상품을 구매를 하든, 서비스를 이용하든, 질문을 하든, 불만을 제기하든 간에 우리에게 무언가를 말하는 것은 모두 도와달라는 얘기다. 고객들은 우리가 전문가이기를 바란다. 그런데 중요한 것은 따뜻한 전문가여야 한다는 점이다.

이러한 프로들의 열정과 배려야말로 오프라인 매장만이 가질 수 있는 가장 강력한 무기가 된다.

'도큐핸즈에 가면 어떻게든 된다'

'도심형 DIY 점포'를 표방하는 도큐핸즈는 인공지능 AI 시대에 퇴화될지도 모를 인간의 손 사용에 집착에 가까운 애정을 보이는 기업이다.

도큐핸즈의 가장 큰 특징은 고객의 폭넓은 니즈에 대응하기 위해 100만 개가 넘는 아이템을 구비하고 있다는 점이다. 대형 할인점도 10만 개의 아이템을 넘기기가 힘든데 온라인이 아닌 물리적인 공간을 가진 오프라인 매장에서 이처럼 엄청난 종류의 아이템을 보유하고 있다는 점이 놀랍다. 이것은 바로 도큐핸즈의 접객의 출발점이다. 그들은 이렇게 말한다.

"저희는 고객이 정확히 어떤 아이디어를 가지고 무엇을 만들고 싶어 하는지 미리 알 방법은 없습니다. 하지만 최소한 '도큐핸즈에 가면 어떻게든 된다'라는 신뢰는 꼭 드리고 싶습니다. 그래서 1년에 1개 팔리는 제품도 철수하지 않고 그대로 매장에 진열합니다."

어쩌면 무모하게 보이는 이러한 고객 정책은 '세일'을 하지 않는 판매정책에도 불구하고 종교에 가까운 고객 충성도를 불러일으켰다.

이처럼 높은 고객 충성도의 바탕에는 특별한 접객의 비밀이 있다. 바로 '사입 판매원仕入れ販売員' 제도다. 이 점원들은 단순히 제품을 판매하는 판매원이 아니라, 그 분야의 전문적인 지식을 가진 프로들이자, 매장의 제품을 사들이는 MD들이다. 이들은 풍부한 경험을 바탕으로 고객 관점에서 상담서비스를 제공하는 것으로 유명하다. 특히 DIY 제품을 판매하는 특성상 이러한 프로 판매원들의 상담과 전문서비스는 이곳을 찾게 만드는 중요한 이유가 된다.

감성에 디지털을 입혀라

Creative Life Store 도큐핸즈의 DIY 코너

예를 들어, 고객이 "아파트 거실에 페인트를 칠하고 싶은데 어떤 제품을 써야 할까요?"라고 묻는다면, 프로 판매원들은 이렇게 안내한다.

"집 안에 칠하실 거니까 페인트는 이 제품을 쓰시는 게 좋고, 32평이면 이 정도 양이면 칠하실 수 있어요. 어떤 색으로 칠하실 건가요? 만약 연한 회색을 원하시면 배합비는 이정도 하시면 되고, 붓은 3호 정도 사용하시면 되겠네요. 시간을 절약하시려면 붓보다는 이 롤러를 사용하시는 게 더 좋을 것 같습니다. 그리고 이 페인트는 천연원료를 이용해서 인체에 유해하지 않아요. 혹시 아이가 있다면 아이들의 나무 테이블에도 사용해도 괜찮습니다. 도료가 입에 들어가도 전혀 유해하지 않거든요."

이처럼 100만 개의 아이템을 가진 도큐핸즈에서는 경험이 많은 전문가들이 고객 입장에서 컨설팅을 해주기 때문에 고객들은 깊은 신뢰를 갖게 되고, 재방문율은 높을 수밖에 없다. 그래서 고객들도 '도큐핸즈에 가면 어떻게든 된다'라고 하는 인식이 자리잡게 된 것이다.

최상의 쇼핑을 어드바이스하는 프로 집단

도쿄 우에노에 있는 대형할인점 다케야TAKEIYA. 겉에서 보면 마치 돈키호테 매장처럼 보이지만, 70년 이상의 역사를 가진 곳으로 일본에서 가장 오래된 역사를 지닌 할인점이다. 명품 브랜드와 시계, 가전제품, 컴퓨터, 의류, 액세서리, 주류, 식품, 생활 잡화, 스포츠용품, 화장품, 의약품, 문방구 등 다양한 종류의 상품을 시중가보다 20~30% 저렴하게 구입할 수 있는 곳이다. 외국인들에게도 일본 사람들이 첫손으로 추천하는 양판점이다.

'전문 직원이 고객님의 쇼핑을 도와드립니다.'

감성에 디지털을 입혀라

다케야의 프로 사원들

코너별 전문가의 보유 자격증

350명의 직원 중 177명이 자격증 소지자

주류 감별사
소믈리에 등

주류

조리사
식생활 어드바이저 등

식품

워치 코디네이터
시계수리 기능사 등

시계

디자이너
양재기술사 등

의류

자전거 조립 정비사
자전거 안전 정비사 등

자전거

가전제품 어드바이저
생활가전 엔지니어 등

가전

애완동물
사육관리사 등

애완동물

리빙 스타일리스트
슬립 어드바이저 등

가구

다케야 양판점 홈페이지 첫 화면에 나오는 글귀다. 이 곳의 가장 큰 특징은 가격도 저렴할 뿐 아니라 매장마다 프로서비스를 제공하는 직원들로 구성돼 있다는 점이다. 전체 350여 명의 직원 중 177명이 분야별 전문 자격증 소지자다. 이들이 고객들에게 최적의 상품과 서비스를 제안해준다.

구체적으로 살펴보면, 가전제품 어드바이저, 시계 수리 기능사, 애완 동물 사육관리사, 디자이너, 양재 기술사, 리빙 스타일리스트, 주류 감별사, 소믈리에, 자전거 조립 정비사, 조리사, 식생활 어드바이저 등 전 부문에 걸쳐 있다. 이처럼 전문가의 어드바이스를 받으며 명품도 저렴하게 구매할 수 있기 때문에 2000만 원짜리 시계나 500만 원짜리 자전거를 사러 고객들이 백화점이 아닌 다케야를 찾고 있다. 이처럼 전문가들이 고객 밀착 서비스를 제공하다 보니 열성 팬도 많은 편이다. 1년에 360일 이상 다케야에서 쇼핑 기록을 세운 손님이 있는가 하면 "우리 집 모든 물건은 '다케야'에게 구매했다"고 말하는 고객들도 있을 정도다. 우리나라에서 2000만 원짜리 시계를 사러 대형 할인마트에 가는 사람이 있는지 한 번 생각해 볼 일이다.

다케야의 프로들은 그야말로 '따뜻한 전문가'이다. 나의 지인 중 한 명이 도쿄를 여행할 때 다케야에 들러서 화장품을 구매하려고 했는데, 말이 잘 통하지 않자 화장품 코너에 있던 직원이 한국어가 가능한 직원과 영상통화를 시켜줘서 큰 도움을 받았다는 얘기를 들은 적이 있다. 이처럼 다케야에는 저렴한 가격과 전문성을 가진 직원, 거기에 고객에게 도움이 되는 서비스를 제공하고자 하는 고

감성에 디지털을 입혀라

객지향적인 직원들이 있기에 70년 이상 고객들의 지속적인 사랑을 받고 있는 것이다.

이제는 동네에서 작은 옷가게 하나를 하더라도 전문가적인 역량이 필요하다. 점주 입장에서 마진이 많이 남는 옷을 팔려고 하는 것이 아니라 '패션 어드바이저'로서 옷에 대한 고민을 해결해 줄 수 있어야 한다.

깊은 전문가, 넓은 전문가

한 분야에 조예가 깊은 전문가가 있다면 여러 분야의 폭 넓은 역량을 갖춘 전문가도 있다. 파나소닉 그룹에는 다기능공 인증제가 있다. 전자제품의 경우 컨베이어 방식의 조립라인에서 연속적으로 작업을 하는 경우가 많은데, 한 기능공이 앞 공정과 뒤 공정의 작업이 가능한 기능을 보유하면 자격을 인증하고 수당을 지불한다. 전 공정과 후 공정의 작업내용을 알고 일을 하면 내가 어떤 부분을 어떻게 흘려 보내주어야 생산성과 품질이 향상되는지 알고 작업을 하기 때문에 생산성이 높을 뿐 아니라 불량률을 획기적으로 줄일 수 있다. 또한 긴급상황이 발생했을 때 인력수급에도 큰 도움이 되는 것은 말할 것도 없다.

앞에서 소개한 호시노리조트의 경우도 모든 직원을 정규직원화 했는데, 객실 서비스 담당은 1인 4역의 멀티태스킹 역량을 갖추고 있다. 프론트 데스크에서 손님맞이를 시작으로 방 정리, 음식 서빙, 간단한 조리 등 4가지 작업을 한 사람이 맡는 방식이다. 내가 맞이한 고객의 방을 내가 정리해 주고 음식도 챙겨주다 보면, 그야말로 내 손님이라는 생각이 들게 된다. 고객들도 낯익은 직원의 일관된

호시노리조트 직원의 멀티 태스킹

감성에 디지털을 입혀라

서비스를 받아서 좋아한다고 한다. 무엇보다도 이를 통해 직원들은 객실 부문의 '프로'로 성장하게 돼 다른 리조트에서 스카우트를 해 가고 싶은 1순위의 인재가 될 수 있다.

또한 인력운영의 효율성도 높을 수밖에 없다. 프론트가 붐비는 시간과 방을 정리해야 할 시간대가 다르고, 레스토랑의 경우 식사 시간이 거의 정해져 있어 바쁜 파트에 자연스럽게 인력이 보강돼 인력의 로스가 없기 때문이다.

멀티 태스킹은 최고의 서비스를 제공함과 동시에, 가장 빠르게 직원들의 역량을 전문가로 성장시켜 줌으로써 회사의 발전과 개개 인의 가치를 동시에 향상시켜주는 일석이조의 효과가 있다.

(5) 상식과 관행의 틀을 깬 새로움이 있다

'고령화 속도 세계 1위, 자살률 OECD 1위, 수면시간 OECD 최하 위…'

안 좋은 분야의 세계 1위가 많은 한국이지만, 단언컨대 고속도로 휴게소의 규모와 화장실의 청결도만은 세계 최고 수준이라 자부할 수 있을 것이다. 휴게소 관리를 책임지고 있는 한국도로공사는 이러한 성과를 내기 위해 그간 많은 노력을 해왔다. 그 배경에는 자신들의 업의 정의를 '행복을 이어주는 사람들'이라고 재정의한 것이 큰 역할을 했다. 즉, 고속도로를 닦고 톨게이트와 휴게소를 관리하는 사람들이 아니라, 우리가 관리하는 시설을 통해 국민들의 행복을 이어주는 사람이라고 스스로의 역할을 정의한 것이다. 그런데 행복을 이어주려면 안전하면서도 빨리 이동하도록 해야 하고 또 즐겁게 이용하도록 해야 하기 때문에 한국도로공사 측에서는 챙겨야 할 일이 많아졌다.

고객들로부터 사랑받는 기업들은 '업의 정의'부터 다르다. 변화하는 고객의 니즈와 행동에 맞춰 그간 무조건 따라왔던 관행의 틀을 깨고 새로운 방식으로 차별화된 가치를 제공하고 있다.

오래 머무는 편의점 만들기

최근 한국과 마찬가지로 일본의 편의점 업계에도 비상이 걸렸다.

감성에 디지털을 입혀라

일본 편의점협회에 따르면 2018년 5월까지 전체 매출이 27개월 연속 전년 동기 대비 감소세가 이어지고 있다고 한다. 이에 따라 기존 24시간 영업이라는 편의점의 아이덴티티도 흔들리고 있다. 인건비는 오르고 늦은 밤과 새벽 사이 손님이 줄면서 영업시간을 조정해달라는 점주들의 민원도 끊이지 않고 있는 상황이다. 실적부진의 원인은 편의점을 방문하는 고객의 수가 절대적으로 줄어드는 것도 있지만, 초고령화 사회에 접어든 일본의 경우 편의점 이용객의 연령이 급격히 고령화 되어가고 있기 때문이다. 젊은 청년층은 온라인 쇼핑이나 다이소, 돈키호테 같은 할인점을 선호하고, 그 대신 60세 이상의 혼자 사는 노인들의 이용률이 늘어 객단가가 낮아

Family Mart와 돈키호테의 콜라보레이션

진 것이다.

이에 대응하기 위하여 일본의 편의점 업계는 기존의 상식이나 관행의 틀을 깨는 새로운 시도를 하고 있다. 고객들의 변화를 면밀히 관찰해 연령이나 점포 이용형태, 체류시간 등 모든 행동에 맞춰 빠르게 전략을 바꾸고 있는 것이다.

일반적으로 편의점은 24시간 영업을 하면서 다양한 서비스를 제공하지만 가격은 조금 비싼 편이라는 인식이 있다. 이에 반해 할인점은 이용하기에는 접근성이 떨어지고 영업시간도 편의점만큼 길지 않지만 가격은 더 저렴하고 제품 구성이 다양하다고 생각한다. 한국에도 진출했었던 훼밀리마트는 '할인점계의 이단아'라 불리는 돈키호테와 콜라보레이션을 통해 완전히 다른 형태의 편의점을 오픈했다. 일용품, 과자 등 돈키호테에서 잘 팔리는 상품을 일반적인 편의점보다 약 1.7배의 압축진열을 했더니 젊은 층의 방문율이 증가해 매출, 방문객 수, 객단가 등이 획기적으로 향상됐다고 한다.

또 한 가지 큰 변화는, 그동안 고객들을 자주 오게 만들기 위해 실시했던 택배, 현금인출기, 공공요금 납부 서비스 등과 같은 생활 거점화 전략에서, 오래 체류하게 만드는 전략으로 바꾸었다는 것이다.

감성에 디지털을 입혀라

매장에 부대시설로 '핏앤고Fit & Go'라는 이름의 피트니스 센터나
빨래방을 병설 운영해 편의점을 머물면서 시간을 보내는 장소로
만들고 있다. 2018년 2월 도쿄도 오타구에 1호점을 오픈한 핏앤고
의 경우 한 달에 10만 원도 안 되는 저렴한 가격에 전문 트레이너
가 상주하는 피트니스센터를 24시간 이용할 수 있다는 점에서 큰
관심을 끌고 있는데, 현재 하루 평균 100여 명이 이용을 하고 그중
절반 이상이 편의점에서 제품을 구매한다고 한다. 앞으로 5년 동안
가맹점 300곳을 오픈한다는 계획이다.

Family Mart의 스포츠 센터, 빨래방 병설 운영

출처 : 야후재팬

빨래방도 하루 평균 50여 명이 이용하고 있는데, 내부에 쉴 수 있는 공간과 세탁이나 건강과 관련된 상품을 진열해 구매를 유도하고 있다.

이처럼 훼밀리마트는 고령화라는 사회적 현상과 온라인 유통의 발달로 젊은 고객들이 줄어드는 현상을 직시하고 그동안의 편의점 업계의 상식이나 불문율에서 과감히 탈피하는 전략을 택했다. 돈키호테와의 콜라보레이션뿐 아니라 피트니스센터, 빨래방, 서점 등을 유치해 고객을 오랫동안 머물게 하는 새로운 전략으로 젊은 고객들을 다시 불러들이고 있는 것이다.

고객을 위한 비효율이 최고의 효율

일본 도치기현에서 압도적인 시장 지배력을 가진 카메라 체인점이 있다. 도치기현에서 18개의 매장을 가진 곳이자, 카메라 시장 점유율 17년 연속 1등을 차지하고 있는 주인공은 '사토카메라'다.

같은 도치기현에서도 대형 가전 전문점인 코지마에 비하면 규모

감성에 디지털을 입혀라

에 있어서는 100분의 1도 되지 않는 작은 전문점이다. 요즘 스마트폰의 카메라 성능이 좋아지고, 불경기가 겹치면서 카메라 시장 자체가 줄어들고 있는 상황이지만 사토카메라의 영업 이익률은 44%에 달한다.

비결은 무엇일까. 사토카메라의 방침은 '비효율로 보이는 영업 전략이 이익을 낳는다'라고 한다. 예를 들면, 상품 구성에 있어서도 신제품 중심의 메이저 상품보다 마이너한 상품을 주로 취급한다. 즉, 시중에 나와 있는 10%의 유명상품보다 기능적으로 큰 차이가 없는 90%의 잘 알려지지 않은 제품이나 희소성 있는 제품을 판매하는 것이다. 이는 대형 전문점과의 차별화뿐 아니라 다양한 고객의 니즈를 충족시켜 고객만족을 높이기 위함도 있다. 사토카메라의 고객 만족에 대한 신념은 엄청나게 긴 접객시간에서도 엿볼 수 있다.

"고객 한 사람에게 1시간 접객하는 건 당연하고 길게는 5시간 한 적도 있습니다."

이러한 회사 방침으로 인해 한 사람의 점원이 하루에 수십 명을 접객하는 일반 가전 전문점과는 다르다. 상품에 대한 설명뿐 아니라 촬영기법도 알려주고, 사진을 촬영하기 좋은 장소 등 카메라와 관련된 여러 가지를 성심성의껏 안내한다. 이러한 고객서비스를 하는 이유는 사토카메라의 타깃 고객이 '카메라에 별 흥미가 없는 넌커스터머non-customer'이기 때문이다.

카메라에 흥미 없는 고객이 타깃

카메라에 흥미가 없는 고객에게 카메라를 판매하기 위해서는 남다른 노력이 필요하다. 조금이라도 사진에 관심을 갖고 방문한 고객에게 혼을 다해 접객을 하는 것이다. 특히 고객이 흥미를 가질 수 있도록 사진촬영의 장점과 재미를 느끼게 해주는 데 초점을 둔다. 그래서 사토카메라 매장에 가보면 여느 가전제품 전시장과는 다른 풍경이 눈에 띈다. 바로 상품 설명을 듣고 제품을 체험할 수 있는 소파가 즐비한 것이다.

사토카메라는 카메라 판매로만 수익을 올리는 것이 아니다. 이익의 50%는 점포 내에 있는 사진 인화 사업에서 나오는데, 이 서비스는 고객 확대에 중요한 매개체 역할을 한다. 사토카메라의 핵심 타깃은 사진 초보자 층으로 집에서 사진을 인화할 수 없어 점포에 와

감성에 디지털을 입혀라

서 인화하는 사람들이 그 대상이다. 그런 고객을 위해 소파 좌석에는 사진 출력을 위한 PC가 설치돼 있고, 담당 판매원과 함께 한 장씩 골라서 인화를 한다. 판매원과 고객이 함께 사진을 고르다 보면 서로 간에 자연스러운 친밀감을 형성할 수 있게 된다. 또 고객이 촬영한 사진을 함께 감상하고 조언을 해주다 보면 자연스레 카메라에 대한 흥미도 생길 수 있는 것이다. 이와 같은 전략뿐 아니라 사후관리에도 철저하다. 카메라 판매 이후 사후보증 기간이 무려 11년에 달한다. 이는 고객과 지속적인 관계를 만들어나가는 밑바탕이 된다.

이처럼 사토카메라는 고객에게 온 마음을 다해 서비스하는 전략을 통해 사양산업이라고 여겨지는 카메라 판매 시장에서 지속적으로 성장을 하고 있다.

'노 브랜드'가 브랜드

1980년 일본 대형 슈퍼마켓 체인인 세이유SEIYU의 자체 브랜드PB

로 출발한 무인양품은 생활용품, 가전, 문구, 의류 등 7000여 개의 제품을 판매하는 라이프스타일 전문점이다. 전 세계 28국에서 매출 3000억 엔(약 3조 원) 이상을 올리는 글로벌 기업으로 거듭났다. 2003년 한국에도 진출하여 사상 최대의 실적을 갱신해나가고 있다.

무인양품無印良品(일본어 발음 '무지루시 료힌')이란 '브랜드 없는, 좋은 품질의 상품no-brand quality goods'이라는 뜻이다. 이처럼 무인양품은 '브랜드 없는 좋은 상품'이 제품의 핵심가치다. 무인양품은 설립 철학처럼 간결하고 소박한 디자인으로 글로벌 소비자들의 취향을 저격하고 있다. 가나이 마사아키 무인양품 회장은 "디자인이 없는 게 우리 디자인"이라고 말했다. '소비자에게 반드시 필요한 요소가 아니면 전부 뺀다'는 회사 철학처럼 장식이나 무늬, 색상을 최소화해 무색·무취한 디자인이 특징이다.

제품의 디자인은 단순화했지만 대신 사용하기 편안하고 편리하도록 실용성을 높인 제품을 선보이고 있다. 특히 무인양품의 생활 소품, 가전제품, 가구류는 '무지스타일'이라는 인테리어 트렌드까지 만들어내며 많은 사랑을 받고 있다.

무인양품은 고객을 위한 새로운 시도도 게을리 하지 않는다. 무

감성에 디지털을 입혀라

인양품은 일본에서 매장에서 인근 지역에서 수확한 채소와 계절에 따라 어시장에서 직접 가져오는 생선들을 판매하는데 여기에 체험을 더했다. 포장마차와 같은 매대를 설치하고, 고객이 원하는 생선을 고르면 초밥용 회를 밥에 올린 '해물 덮밥'을 즉석에서 만들어준다. 덮밥은 매장 중앙에 위치한 공간에서 바로 먹을 수 있다. 이 매장은 토요일이면 하루 3만 명의 방문객이 몰리는 등 큰 인기를 끌고 있다.

사람들이 당연하다고 믿는 것이 상식常識이고, 그것은 모두가 의심하지 않고 받아들이는 기준이다. 이를 테면, '편의점은 조금 비싸지만 24시간 영업을 한다', '상품의 경쟁력은 디자인과 브랜드다' 등이다. 하지만 이러한 상식을 파괴한 전략으로 고객들에게 즐거움과 새로운 가치를 줘 승승장구하는 기업들의 사례는, 오프라인 매장의 필연성을 어떻게 만들 것인가에 대한 해법을 제시하고 있다.

AI가 사람의 일자리를 빼앗는 것이 아니라
AI를 활용하는 사람이 활용하지 않는 사람의
일자리를 빼앗게 될 것이다.

4장

디지털 누릴 것인가,
눌릴 것인가

최근 '블라인드 채용'이라는 채용제도가 이슈가 되고 있다. 채용 과정에서 지원자의 출신 지역이나 신체조건, 가족관계, 학력 등 편견이 개입될 수 있는 정보를 요구할 수 없도록 하는 것으로, 공공기관에는 이미 전면 도입을 하고 있고 민간기업들도 이제는 법제화된 기준에 따라야 한다. 그간 모든 대학생들이 스펙 쌓기에 매달리는 폐단을 줄여주는 효과도 있지만 각 기업이 필요로 하는 인재를 선발하는데 제약사항이 많다는 불만도 있다.

실제로 얼마 전 나는 공공기관의 신입사원 면접과정에 심사위원으로 참가를 해 본 경험이 있었다. 거의 모든 정보가 가려진 상태인 터라 순간적인 대응력이나 언변이 뛰어난 지원자가 절대적으로 유리하다는 느낌이 들기도 했다. 심사위원끼리 사석에서, 취지에는 충분히 공감을 하지만 마치 깜깜이 면접을 하고 있는 듯한데 '안 보고 뽑는 거냐, 못보고 뽑는 거냐'하는 농담을 했던 기억이 있다.

산탄총식 마케팅 vs 라이플식 마케팅

이제 기업경영에 있어서도 고객의 동향을 들여다보면서 핀포인트 공격식 마케팅을 하는 기업과, 고객의 동향에 대한 정확한 정보 없이 융단폭격식 마케팅을 하는 기업의 명암이 갈리고 있다.

과거 패션업계의 영업방식은 이랬다. 6개월에서 1년 후의 시장을 예측해 시즌별로 미리 대량생산을 한 제품을 판매시기에 맞춰 대리점이나 판매점에 진열을 해 판매를 한다. 예측이 잘 맞아떨어져 60% 이상의 판매가 이뤄지면 성공이고, 그 이하로 팔면 막대한 재고를 떠안게 되는 식이었다. 심지어는 포장지를 뜯지도 않은 상품을 브랜드 보호를 위해 소각을 하는 경우도 있다. 이러한 방식을 일명 '산탄총식 마케팅'이라 하는데, 엽총으로 새를 사냥을 할 때

감성에 디지털을 입혀라

새가 있는 방향으로 대충 조준해 산탄총을 발사하면 수백 개의 작은 탄알이 넓게 퍼지며 날아가, 그 중 한 알의 총알에 새가 맞아 떨어지는 형태의 사냥방식인 것이다. 이러한 영업형태를 개선해 등장한 것이 유니클로나 자라ZARA와 같은 글로벌 패스트 패션 회사다. 시장의 반응을 봐가면서 단기간에 생산, 판매를 하는 반응생산체제를 구축해 큰 성과를 거뒀다. 하지만 이제는 디지털 기술의 발달로 목표물을 정확히 정조준해서 움직임을 실시간으로 보면서 하는 '라이플식 마케팅'이 가능해진 시대가 됐다.

최근 '미디어 커머스'라는 신종 비즈니스가 시장의 관심을 모으고 있다. 요즘 10대에서 30대의 젊은 고객들은 주로 유튜브, 페이스북, 인스타그램과 같은 뉴 미디어에서 이미지나 영상과 같은 광고 콘텐츠를 통해 정보를 얻고, 직접 제품이나 입소문 등을 확인한 후 온라인상에서 즉시 구매를 한다. SNS의 발달로 1인 미디어 시대가 도래하면서, 수십만 명의 팔로워를 거느린 연예인급 유명 블로거나 유튜버들이 탄생했다. 이처럼 SNS 상에서 영향력이 큰 인플루언서들은 실시간 방송을 통해 상품을 소개하고 판매로 연결시켜 주면서 수익을 올리기도 하고, 최근에는 직접 제품을 기획, 제작하기도 한다.

미디어 콘텐츠를 제작해 공급하던 미디어 전문가들이 콘텐츠 제작 역량을 기반으로 회사를 직접 설립하고 있다. 본인들이 기획하고 브랜딩한 제품을, 직접 제작한 미디어 콘텐츠로 SNS를 통해 홍보하고, 주문받은 제품은 OEM^{Original Equipment Manufacturer}(주문자 상표부착생산) 혹은 ODM^{Original Development Manufacturing}(제조업자 개발생산) 형태로 생산해 배송까지 하는 방식이다. 한마디로 미디어 커머스란, 미디어와 e커머스를 통합한 형태의 비즈니스인 것이다.

가장 놀라운 것은 이들은 시장과 고객의 움직임과 반응을 리얼타임으로 보면서 사업을 하고 있다는 것이다. 광고제작에서 집행, 구매에 이르는 과정에서 가장 중요시하는 지표가 ROAS^{Return On Advertising Spending}(광고비용 대비 매출액 비중)인데, 타겟팅한 시장에서, 광고에 대한 반응이 어떤지를 실시간으로 체크를 해가면서 가장 효과적인 콘텐츠로 즉시 바꿔서 내보낸다.

구체적으로 진행과정을 살펴보면, 먼저 같은 제품의 광고를 여러 타입으로 제작해 놓고, SNS상에서 고객들의 반응을 실시간으로 지켜보면서 광고를 내보내다가, 예측치를 벗어나면 즉시 이미지나 카피 등을 바꿔 새로운 광고를 올린다. 이런 방식으로 목표 ROAS를 반드시 달성하는 마케팅을 하고 있는 것이다. 그리고 주문받은 제

감성에 디지털을 입혀라

품의 배송은, 주문의 추세나 반응을 보면 언제까지 어느 정도의 물량이 필요하다는 것을 정확히 예측할 수 있기 때문에, 마케팅 데이터를 생산에 반영하고 물류를 진행시킨다. 이처럼 재고가 거의 발생하지 않는 풀 밸류 체인을 가동하고 있는 것이다.

이러한 방식은 마치 실내 낚시터에서 고기의 움직임을 봐가며 낚시를 하는 듯한 느낌마저 들게 한다. 미디어 커머스 기업의 라이플식 마케팅의 관점에서 보면, TV드라마에 PPL광고를 하거나 대형광고탑에 장기계약으로 이미지를 붙여 놓고 고객이 관심을 줄 것이라는 희망과 기대를 가지고 하는 기존방식의 광고는, 심하게 말하면 깜깜이 마케팅의 느낌마저 들게 만든다.

이러한 새로운 비즈니스가 가능한 것은, SNS의 발달과 함께 생성되는 막대한 양의 데이터를 분석하고 실시간으로 모니터링 할 수 있는 디지털 솔루션이 있기 때문이다. 또 그것을 십분 활용해 기존의 비즈니스 모델을 혁신적인 방식으로 업그레이드했기 때문에 가능한 것이다.

디지털 트랜스포메이션이 기존의 방식을 고수하는 기업에는 위협이 되지만, 디지털의 유용한 솔루션을 적극적으로 도입해 오프라인 매장의 강점을 살리는데 디지털을 입히는 방식으로 대응해 간다면, 격동기 변화하는 시장에서 새로운 기회를 찾을 수 있을 것이다. 즉, 디지털 혁신의 피해자가 되지 말고, 수혜자가 되기 위한 노력을 해야 한다.

디지털 솔루션의 4가지 활용전략

디지털 트랜스포메이션Digital Transformation이란 제품 및 서비스, 비즈니스 모델, 운영 프로세스, 고객 경험에 이르기까지 경영전반을 디지털을 기반으로 혁신하는 것을 말한다. 각 기업이 가지고 있는 강점에 어떻게 디지털 솔루션을 더해 새로운 가치와 시장을 창출해 갈 것인지 4가지 유형에 대해 사례와 함께 활용전략을 알아보기로 하자.

첫째, HR 빅데이터로 최적의 맞춤형 서비스를 제공한다.
직원들의 인성, 적성, 스타일, 경험, 교육이수 현황, 업무활동 등의 HR 빅데이터를 활용해 개개인의 역량을 가시화하면, 인력을 적

감성에 디지털을 입혀라

재적소에 배치할 수 있음은 물론 가장 적합인 인재를 선발해 주요 고객과 매칭 시킴으로써 최적의 맞춤형 서비스를 제공할 수 있다.

둘째, 온·오프라인 On-Off line **채널의 통합으로 접점을 확대한다.**

온라인과 오프라인이 하나가 되는 온라이프On Life 채널을 만들어야 한다. 온라인 혹은 오프라인만으로는 고객의 니즈를 충족시키는 데 한계가 있다. 고객들은 온라인과 오프라인의 단절 없는 경계 너머에 있다.

셋째, 디지털 콘텐츠로 신시장과 신사업을 발굴한다.

디지털 콘텐츠로 비즈니스 모델을 리모델링하여, 신시장과 새로운 고객을 확보할 수 있다. 또한 전통적인 사업에 기반을 둔 회사가 디지털 트랜스포메이션을 통해 신수종사업을 발굴하는 기회를 찾기도 한다.

넷째, 디지털 혁신으로 경영효율을 획기적으로 개선한다.

경영관리의 생산성과 효율성을 높이는 데 AI나 로봇 등의 디지털 기술을 활용하면, 과거에 불가능했거나 비효율적인 일들을 획기적으로 개선할 수 있다. 디지털 혁신으로 원가절감과 경쟁력 강화를 통해 새로운 돌파구를 마련할 수 있을 것이다.

(1) HR 빅데이터로 최적의 맞춤형 서비스를 제공한다

일본에서 가장 서비스가 좋은 백화점은 어디일까? 많은 사람들이 다카시마야高島屋를 꼽는다. 그 배경에는 한 가지 감동적인 일화가 있다.

> 혈액암으로 입원과 퇴원을 반복하고 있던, 5살 여자 아이가 있었다. 여러 가지 치료의 보람도 없이, 마침내 병원에서는 마지막 단계인 터미널케어에 들어갔다.
> 담당의사는 아이의 아버지에게 "이제, 뭐든지 좋아하는 것을 먹게 해 주세요"라고 말했다.
> 아버지는 아이에게 무엇이 먹고 싶냐고 물었다.
> "아빠, 포도가 먹고 싶어요." 딸은 작은 목소리로 말했다.
> 하지만 계절은 겨울. 이 아이의 마지막 소원을 어떻게든 들어주겠다

감성에 디지털을 입혀라

는 일념으로 아버지는 도쿄의 과일가게를 여기저기 찾아 헤맸다.

하지만 어느 과일 매장에도 포도는 없었다. 하지만 아버지는 마지막으로 한 백화점 과일가게를 찾았다.

"저… 포도 있습니까?" 기도하는 마음으로 물었다.

"네, 있습니다."

그 매장에는 깨끗한 상자에 담긴 고급스러운 거봉이 있었다.

하지만 아버지는 머뭇거렸다. 왜냐하면 그 상자에는 3만 엔이라는 가격표가 붙어 있었다.

고민 끝에 아버지는 그 점원에게 부탁을 했다.

"한 알이나 두 알이면 돼요. 어떻게 나누어 주실 수는 없나요?"

어린 딸의 이야기를 들은 점원은 잠시 생각하다가 말없이 그 거봉을 상자에서 꺼내 여섯 알이 붙은 가지를 잘라 작은 상자에 넣어 예쁘게 포장해 주었다.

"여기 있어요, 2000엔입니다."

떨리는 손으로 그 포도를 받은 아버지는 병원으로 날아갔다.

"이것 봐, 네가 먹고 싶다는 포도야."

딸은 야윈 손으로 한 알의 포도를 입에 넣었다.

"아빠 맛있어. 정말 맛있어요."

그리고 얼마 후 조용히 숨을 거두었다.

이 이야기는, 성로가병원에 입원해 있던 소녀의 아버지와 다카시마야 점원 사이에 있었던 실화다. 소녀의 아버지는 주치의에게 이 일화를 얘기했고, 마침 마이니치신문 가정 면에 주1회 칼럼을 쓰고 있었던 주치의는 이 일화를 1989년 5월 4일 칼럼에 소개하면서, "아이의 치료와 고통을 덜어 주기 위해 우리 모두 열심히 노력했다.(중략) 이것으로 충분할런지 모르겠지만 '신이나 할 수 있는 위대한 일'을 해주신 과일 매장의 직원에게 진심으로 감사를 드린다"

다카시마야의 감동 스토리(포도 여섯 알)

감성에 디지털을 입혀라

라고 썼다. 이 이야기가 신문을 통해 알려지면서 사람들의 가슴에 큰 감동을 주었고, 지금도 다카시마야 백화점에서는 이때의 이야기에서 이름을 따서 '한 알의 포도 기금'을 운영하고 있다.

이처럼 다카시마야 백화점은 접점직원의 배려와 정성어린 인적 서비스를 가장 중요한 경영방침으로 삼고 있고, 고객들로부터도 인정을 받고 있다. 170년의 전통을 가진 백화점답게 아날로그 감성으로 차별화를 하고 있다고 생각할 수도 있지만, 최근 이 백화점은 디지털 솔루션을 활용해 한 단계 업그레이드된 서비스혁신을 추진하고 있다.

아날로그 감성에 디지털을 입혀라

일본 드라마 '상류계급'은 백화점 외상고객外商顧客(최고의 매출을 올려주는 VVIP들로 백화점이 아닌 집이나 사무실로 직원을 불러서 구매를 함) 담당자의 분투기를 그린 드라마다. 고베에 위치한 백화점에서 남자 사원으로만 가득한 외판부에 홍일점으로 발탁된 열혈 여사원인 다케우치 유코의 성장 스토리를 담고 있다. 일본의 백화점들은 이처럼 엄청난 재력가 고객의 집으로 직접 담당직원이 방문해 상품을 판매하는 '외상담당' 직원들이 많이 있다.

이 드라마를 보면 이 VVIP를 담당하는 외상 담당자가 고객의 다양한 요구사항을 들어주기 위해 중매까지 주선하는 등 고군분투하는 모습을 볼 수 있다. 솔직히 백화점 매출을 쥐락펴락하는 VVIP 고객들이 얼마나 '갑질'을 하겠는가. 그것은 일본이나 우리나라나 마찬가지인 모양이다.

일본 최고의 백화점으로 꼽히는 도쿄의 다카시야마 백화점의 경우 이러한 외상고객의 매출이 전체 매출액의 60%를 차지하고 있다. 그런 만큼 백화점에서도 서비스를 가장 잘 하는 최고의 베테랑 직원을 외상부로 보낸다. 이 외상판매원들의 핵심 역량은 본인이 담당하는 고객의 성향과 라이프 스타일, 구매패턴은 물론, 가족구성, 최근의 관심사, 선호하는 연예인 등 사생활 전반에 이르기까지 디테일하게 파악해 개인 맞춤형 서비스를 제공하는 것으로, 대부분 경험이 많은 고참 직원들이 담당하고 있다.

감성에 디지털을 입혀라

밀레니얼 VIP를 위한 디지털 혁신

다카시마야 백화점은 근래들어 오랫동안 찾아주던 단골고객들이 점점 고령화되어감에 따라 객단가가 낮아지고 있다는 문제에 부딪히게 됐다. 이를 극복하기 위한 방편 중 하나로 다양한 채널을 통해 금융, IT, 통신업계 등의 신흥 VVIP를 확보하는데 심혈을 기울이고 있는데, 그렇게 해서 확보한 고객들에게 초기단계에서 좋은 인상을 심어주기 위해 경험이 많은 고참 직원들이 전담하도록 했다. 그런데 문제는 신흥 부자인 밀레니얼 VVIP들에게는, 마치 몸종 같이 비위를 맞추고 사사로운 개인사까지 챙기려 드는 집사 스타일의 접객 서비스가 안 먹힌다는 것이다. 오히려 쿨하고 너무 나서지 않는 프로 서비스를 원하는 고객들이 많았다. 다카시마야 백화점은 이 미스매치 문제를 디지털 기술을 접목시켜 해소를 하고 있다.

먼저 직원 한 사람 한 사람의 경력, 실적, 활동, 경험, 학습, 보유 스킬, 자격, 인성, 적성 등을 데이터화 해서 각 직원들의 역량과 성향을 가시화했다. 그리고 VVIP들의 성향과 스타일 등을 분석해서 전체 직원 중 가장 적합한 직원을 시스템이 선별하여 매칭시켜주는 역량평가 시스템을 운영하기 시작했다. 그동안은 영업의 전설로

HR 빅데이터 구성

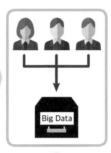

인사 데이터

- **기본 프로필**
  - 자격/경력, 교육, 승진 이력
- **사업실적 데이터**
  - 업적/실적 , 프로젝트 이력
- **평가 데이터**
  - 스킬, 근태, 보상

Big Data

진단 데이터

- 인성/적성
- 리더십 스타일
- 성격유형
- 직무 몰입도, 만족도

- **활동 이력** (TFT, 학습동아리 등)
- **경험 내역** (정비일지, 파견근무 등)
- **프로젝트 보고서**(연구,출장 등)

비정형 활동 데이터

불려왔던 고참직원들의 접객방식이 마치 사내에서 바이블처럼 여겨져 왔고, 그러한 내용을 토대로 매뉴얼이 만들어져 전수되어 왔던 서비스역량의 관리방식에 일대 혁신을 시도한 것이다. 이렇게 HR 빅데이터를 근거로 한 매칭 시스템을 도입함으로써, 훨씬 더 정확한 맞춤형 서비스를 제공하게 될 수 있게 되었고, 이는 실제로 매출연계 효과가 매우 커지는 결과를 가져왔다. 2018년 일본 백화

감성에 디지털을 입혀라

점 매출 순위를 보면 전체 백화점 중 매출 10위권 안에 다카시마야의 JR나고야점, 오사카점, 니혼바시점, 요코하마점 등 총 4곳이 랭크돼 있는 것이, 이러한 디지털 혁신의 성과를 대변해 주고 있다.

한국의 백화점들도 그동안 VVIP고객의 성향을 분석해 나름 맞춤형 서비스를 제공하려는 노력을 기울여왔다. 백화점마다 '우리 고객 바로알기' 프로젝트 등을 통해 고객의 구매특성을 파악하여, 이 고객은 '마음에 들면 바로 지르는 타입' 혹은 '직원 의존형 타입'이나 '여러 곳을 다 돌아보고 나서야 결정하는 타입' 등 고객을 유형별로 분석해왔다. 하지만 정작 중요한 직원들의 성향 분석은 제대로 이뤄지지 않았다. 즉, 판매원이 고객의 유형을 파악하여 거기에 맞춰서 응대를 하라는 방식이었다.

하지만 이제는 HR 빅데이터 분석을 통해 직원들의 역량과 성향을 파악해 각자의 강점을 살려 적재적소에서 근무할 수 있도록 해야 한다. 특히 VVIP 담당 등 일대일 대응이 필요한 경우에는 반드시 고객의 특성과 직원의 역량을 파악해 최고의 조합을 만들어줘야 제대로 된 파트너십을 발휘할 수 있다. 과거에는 이러한 과정이 쉽지 않았지만 이제는 HR 빅데이터 분석과 매칭 시스템과 같은 디지털 솔루션 등이 불가능한 것을 가능하게 해주고 있다.

VIP 담당직원의 역량 가시화
경력, 실적, 활동, 경험, 학습, 보유 스킬, 자격, 인성, 적성 등의 HR 빅 데이터

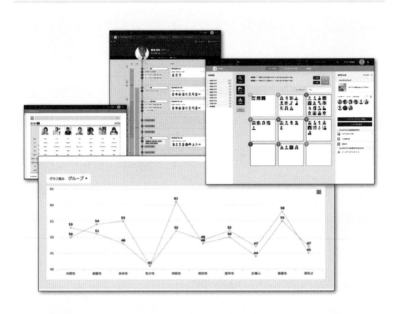

최고의 고객만족을 위한 드림팀 구성

예전에 도요타 자동차의 연구소를 방문했을 때의 일이다. 연구실 입구 벽면에 '블랙박스를 없애자'라는 슬로건이 붙어 있었다. 어떤 내용인지를 물어보니 연구원 머릿속의 프로젝트 계획이나 연구방

178 감성에 디지털을 입혀라

법, 진행사항들을 가시화하여 연구원 전원이 공유함으로써, 과거에 같은 맥락의 연구를 했거나 그 분야에 관한 소스를 가지고 있으면 서로 돕도록 하자는 취지라 했다. 한 마디로 연구원들 각자의 머릿속에 있는 정보나 경험을 공유하자는 것인데, 도요타에 입사하기 전, 똑같은 테마의 연구를 했던 연구원이나 지금의 방식으로 실패를 했던 연구원이 있으면, 한 달 고민할 일을 한 시간 안에 해결해 줄 수도 있다. 도요타의 강점인 '눈으로 보는 관리'의 일환일 수도 있지만, 조직 내 블랙박스를 없애서 시너지를 내고 있는 현장을 볼 수 있었다.

컨설팅 회사에서도 마찬가지다. 컨설턴트 개개인이 갖고 있는 프로젝트 경험이나 지식, 네트워크에 대해 서로 공유할 수 있다면, 훨씬 수월하게 검증된 아웃풋을 만들어 낼 수 있다.

1992년 일본에서 최초로 CRO(의약품 개발 지원)로 사업을 시작한 씨믹 홀딩스 그룹. 씨믹은 바이오신약 개발, 실험, 생산, 마케팅 컨설팅 등을 주로 하는 컨설팅기업으로 6000여 명의 연구원과 컨설턴트가 근무하는 회사다. 씨믹은 바이오산업의 호황으로 글로벌 M&A 및 해외 지사, 연구소의 설립 등 세계 시장으로 사업이 확장됨에 따라, 프로젝트가 급증하면서 컨설턴트 확보와 운영에 문제가

CMIC의 인재관리시스템 전략

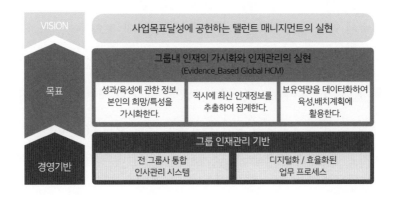

발생하기 시작했다. 즉, 프로젝트의 성격이나 고객의 니즈에 맞는 적임자를 찾아 프로젝트에 투입하는 일이 가장 중요해진 것이다.

기본적인 인사정보는 ERP시스템, SAP 등으로 통합 관리하고 있었지만, 각 컨설턴트가 보유하고 있는 경험, 스킬, 자격, 정보 소스 등 프로젝트 수행능력과 관련된 정보는 계열사별로 엑셀 등 각각 다른 방식으로 관리하고 있어 그룹 차원에서 공유가 안 되고 있었다.

이 문제를 해결하기 위해 그룹 차원에서 인재풀을 구축하고 구성원들의 HR 빅데이터를 수집해 역량정보를 가시화했다. 그리고

감성에 디지털을 입혀라

이를 토대로 프로젝트팀 구성 시 고객 니즈에 맞는 최적의 멤버를 선발해 드림팀을 구성함으로써 프로젝트 만족도 향상과 효율적인 인력운영이라는 성과를 이끌어 내게 되었다.

(2) 온·오프라인 채널 통합으로 접점을 확대한다

오프라인 리테일의 위기는 어제오늘의 이야기가 아니다. 2017년 에만 8000여 개 오프라인 매장이 문을 닫았고, 2018년 역시 약 4000개 매장이 철수했다. 올해 또한 다르지 않을 것으로 예측된다. 소비자들의 라이프스타일이 급격한 변화를 가져왔기 때문이다.

한편 온라인 비즈니스에 대해서도 알리바바의 마윈 회장은 "순수한 전자상거래는 밸류체인 전반에 걸쳐 온라인, 오프라인, 물류 및 데이터를 통합하는 새로운 리테일에 자리를 내주고 전통적인 비즈니스로 축소될 것"이라고 예언했다.

이에 따라 최근 경영계의 화두로 '온라이프On Life'가 대두되고 있다. 온라이프란 EU 집행위원회의 싱크탱크 의장에 임명된 루치아노 플로리디가 처음 사용한 용어로, 온라인과 오프라인의 일상적인

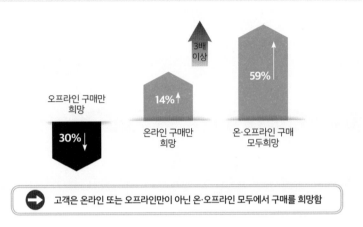

고객의 구매 희망 채널(2016~2018년)

오프라인 구매만
희망

30% ↓

3배
이상

온라인 구매만
희망

14% ↑

온·오프라인 구매
모두희망

59%

➡ 고객은 온라인 또는 오프라인만이 아닌 온·오프라인 모두에서 구매를 희망함

자료: IBM 커스터머 인게이지먼트 인덱스(2018)

삶의 차이가 점점 희미해져 마침내는 두 영역의 구분이 사라지게 된다는 의미다. 그는 "앞으로는 이곳(아날로그, 오프라인)과 저곳(디지털, 온라인)이 합쳐져서 하나의 온라이프 체험을 만들어내게 된다"고 주장하며 2015년에는 '온라이프 선언문'도 발표했다.

'온라인 쇼핑의 종말'의 저자 바이난트는 "리테일 산업과 서비스 분야는 앞으로 10년 내에 새로운 경제 질서인 온라이프 리테일에 완전히 넘어가게 될 것이다. 우리는 쇼핑이 온라인, 오프라인 판매

감성에 디지털을 입혀라

채널과는 더 이상 관계없는 완전한 형태의 온라이프 경험 세계로 탈바꿈하는 모습을 보게 될 것이다"라고 주장한 바 있다.

이러한 온라이프 트렌드는 결국 유통 기업들에도 많은 변화를 요구하고 있다. IBM 기업가치연구소의 최근 보고서에 따르면 2018년 글로벌 유통 시장에서 오프라인 매출 비중은 87%나 되는 것으로 나타나고 있다. 온라인 유통의 성장이 가파르다고는 하나, 앞으로도 오프라인을 중심으로 한 매장의 비중은 지속될 것으로 보인다. 하지만 분명한 것은 온라인 혹은 오프라인 하나의 채널만 운영해서는 생존하기 힘들다는 점이다.

채널 접점 다양화로 심리스 쇼핑 '온앤더뷰티'

어느 동네를 가나 하나씩은 있을 정도로 올리브영, 아리따움 등 뷰티 편집숍 전성시대지만 비슷비슷한 상품 구성과 서비스만으로는 살아남기 힘든 시장이 바로 이 산업이기도 하다. 이런 가운데 '옴니스토어'로서 진가를 발휘하는 온라이프 매장도 등장했다. 바로 롯

데백화점이 잠실 에비뉴엘점에 2018년 12월 오픈한 '온앤더뷰티 On and the Beauty'다.

온앤더뷰티가 다른 뷰티 편집숍과 차별화된 점은 무엇일까. 가장 큰 부분은 온라인과 오프라인의 경계를 허무는 쇼핑 경험을 제공한다는 점이다. 온앤더뷰티는 빅데이터를 기반으로 기존에 없던 '뷰티 테마파크'라는 콘셉트를 만들어냈다.

구체적으로 살펴보면, 온앤더뷰티는 세 가지 '온ON' 서비스를 전면에 내세운다. 먼저 '서치온Search ON'이다. 거울 모양의 디지털 사이니지를 통해 고객은 오프라인 매장 상품뿐 아니라 공간의 한계로 모두 진열하지 못한 온라인 매장 상품까지 총 400여 개의 브랜드를 검색할 수 있다. 또 이 기기를 이용해 온·오프라인 매장의 실시간 인기상품을 검색하고 구입할 수 있다. 그동안은 매장에 진열된 상품 안에서 구매가 가능했다면, 디지털을 활용해 새로운 쇼핑 경험을 제공하고 있는 것이다.

두 번째는 '터치온Touch ON'이다. 상품에 붙어 있는 바코드를 터치온 기기의 선반 위에 올리면 상품의 성분과 인기여부를 바로 확인할 수 있고 관련 상품에 대한 정보도 함께 제공받을 수 있다. 그동안은 제품에 깨알 같은 글씨로 붙어 있는 설명서를 읽기 위해 눈

감성에 디지털을 입혀라

에 힘을 주고 봐왔다면, 이제는 제품에 대한 정보를 좀 더 쉽고 편리하게 살펴보고 선택할 수 있는 것이다.

세 번째는 '캐치온Catch ON'이다. 상품에 대한 정보를 가장 잘 아는 전문가에게 1대 1 맞춤 상담을 받을 수 있는 서비스로 고객은 문의가 필요할 때 버튼을 눌러 직원을 호출하면 된다. 매장에 있는 메이크업 아티스트가 제품 설명은 물론 고객과 상담도 해준다.

차별화된 큐레이션 서비스를 선보인 온앤더뷰티는 오픈 이후 신규 구매자 비율이 73%에 달했다. 타 매장 대비 40% 증가한 수치다. 이 중 밀레니얼 세대 고객의 구매율은 63%를 차지한다고 한다. 자기 주도적인 쇼핑 경험과 함께 필요할 때만 직원을 호출하는 언택트 쇼핑, 전문가들의 맞춤형 서비스 등으로 젊은 층을 끌어들임으로써 뷰티 편집숍의 새로운 방향을 보여주고 있다.

O2O 넘어 O4O로 진화

온라인으로 고객을 모아 오프라인에서 구매나 이용을 하게 만드는

O2O^{Online to Offline}는 온라인과 오프라인의 벽을 허물었다. 정보 유통 비용이 저렴한 온라인과 실제 소비가 일어나는 오프라인의 장점을 접목해 새로운 시장을 탄생시킨 것이다. 우버, 에어비앤비, 배달의민족, 야놀자 같은 차량 공유, 숙박, 음식 배달 앱들이 대표적이다.

이제는 여기서 한 단계 더 나아가 오프라인을 위한 온라인, 즉 'O4O^{Online for Offline}'로 진화하고 있다. 기업의 온라인 데이터를 오프라인 매장 마케팅에 결합하는 비즈니스 플랫폼으로, 온라인보다는 오프라인에 중점을 두고 있다. 온라인에서의 강점을 살려 오프라인으로 사업 영역을 확대하며 새로운 매출을 만드는 방식이다. 2018년 9월 오픈한 '아마존 4스타^{Amazon 4-star}'는 대표적인 O4O 매장이다.

온라인 데이터가 오프라인 매장의 기준 '아마존 4스타'

우리나라로 치면 'YES24'와 같은 온라인서점으로 시작한 아마존

감성에 디지털을 입혀라

이 온라인 유통공룡이 된 지는 오래 됐다. 하지만 여기에 머물지 않고 온라인을 넘어 오프라인으로 본격 유통채널을 확대해나가고 있는데, 아마존고, 아마존북스, 아마존4스타 등 3개 브랜드가 그것이다. 특히 아마존4스타는 온라인에서 얻은 디지털 데이터를 바탕으로 매장과 상품을 구성했다는 점에서 더욱 눈길이 간다.

트렌드의 중심이자 패션의 메카인 뉴욕 소호에 문을 연 아마존4스타는 아마존 웹사이트에서 평점 별 4개 이상(별 5개 만점)을 받은 상품만 판매하는 오프라인 매장이다. 크게는 조금 큰 슈퍼마켓 정도다. 직접 매장을 방문해보면 전자제품전문점과 잡화점을 합친 것 같은 분위기가 풍긴다. 매장은 가전제품, 주방용품, 장난감, 서적, 게임 등을 포함해 아마존닷컴에서 카테고리별 가장 인기 있는 상품들로 구성돼 있다.

사실 온라인에서 제품을 구입하려다 보면 무게나 크기, 색감 등 실물이 궁금해지기도 하는데 여러 제품들을 각각의 브랜드 매장에 가서 체험해보기도 번거로운 게 사실이다. 이럴 때 온라인에서 고객들에게 가장 인기 있는 제품을 별도로 모아서 판매한다면 큰 메리트가 될 것이다.

아마존에 따르면 현재 아마존 4스타의 제품 평균 평점은 4.4점이

On - Off Line 빅데이터 기반의 옴니 스토어

며 별 5개 만점을 준 리뷰도 180만 개 이상이다. 또한 매장에서는 '아마존닷컴 위시리스트에 가장 많이 추가된 제품Most-Wished-For', '뉴욕시 주변의 인기 급상승Trending Around NYC', '자주 함께 구입하는 제품Frequently Bought Together' 등 다양한 컬렉션도 함께 제공해 고객의 선택 부담을 덜어 준다.

감성에 디지털을 입혀라

아마존의 인공지능 음성인식 비서인 알렉사^{Alexa}와 함께 작동하는 수십 개의 아마존 기기 및 스마트홈 액세서리도 아마존 4스타에서 체험해 볼 수 있다. 모든 제품에는 디지털 가격표가 놓여 있으며 아마존 프라임 할인가, 평균 등급 및 제품이 받은 리뷰의 총 개수 등을 보여준다. 모든 제품에 달려 있는 것은 아니지만 마치 온라인 쇼핑처럼 제품 하단에 상품평을 붙여놓기도 했다.

한편 '아마존북스' 매장 역시 온라인상에서 판매하는 책에 대한 평점과 예약 주문량, 판매량 등 온라인 데이터를 바탕으로 매장 내의 서적 배치를 결정한다. 또한 아마존 e북인 킨들 독자들이 강조 표시를 해둔 데이터를 분석해 가장 많이 강조 표시된 문구로 책을 소개하기도 한다.

이러한 온라이프 매장들은 온라인과 오프라인의 경계를 허물어 각각의 장점을 강화한 매장이라고 생각된다. 앞으로 고객들은 이처럼 온라이프 영역에 존재할 것으로 예측되는 만큼 적극적인 도입을 통해 고객이 우리 매장에 와야 할 충분한 '이유'를 제공해줘야 할 것이다.

(3) 디지털 콘텐츠로 신시장과 신사업을 발굴한다

스탠퍼드대 찰스 오라일리 교수는 40년 넘게 기업의 성공과 실패 요인을 연구한 끝에 이러한 진단을 내렸다. "대기업들이 오랫동안 업계 선두를 지키며 살아남으려면 '기존사업 유지'와 '미래 사업의 실험'이라는 두 가지를 동시에 잘하는 '양손잡이 경영'을 해야 한다는 것이다. 기존 고객을 꾸준히 유지시켜가며, 새로운 고객도 끌어올 수 있어야 하기 때문이다. 이 때 비율이 반드시 50 대 50일 필요는 없다. 산업마다 고객의 특성에 따라 이 비율은 다 달라질 수 있다. 특히 지금과 같은 격동기에는 디지털 혁신을 통해 미래 먹을거리를 찾는 활동의 중요성이 더욱 강조되고 있다.

현금 없는 사회의 도래

요즘 현금을 안 갖고 다니는 사람들이 많다. 실제로 한국은행 통계에 따르면 현재 지급수단 중에서 현금결제비율이 13.6%밖에 안 된

감성에 디지털을 입혀라

다고 한다. 물론 아직은 카드결제가 50% 이상을 차지하고 있지만 최근 급속도로 모바일 간편 결제가 늘어나고 있다. 다시 말해서 '현금 없는 사회'뿐 아니라 카드도 갖고 다닐 필요 없는 '지갑 없는 사회'로 가고 있는 것이다. 사실 나부터도 카드 없이 다니다 보니, 지갑을 집에 두고 출근하는 경우가 많아졌다.

현재 스타벅스 매장의 60%는 아예 '현금 없는 매장'으로 카드와 모바일 결제만 가능하다.

스타벅스뿐 아니라 패스트푸드점, 올리브영 등 많은 매장들이 이러한 추세에 동참하고 있다. 재래시장에서도 서울페이나 경기페이와 같은 제로페이로 결제를 유도하고 있듯이, 이제는 모바일 간편 결제가 대세다. 중국에서는 식당이나 노점상은 물론, 지하철, 자판기까지 모두 QR 코드가 붙어 있어 대부분 QR코드 결제를 한다. 현금을 쓰는 사람은 외국인 관광객뿐이고, 춘절春節에 세뱃돈을 위챗페이를 통해 주었다거나 노숙자마저도 QR코드로 구걸한다는 이야기가 나올 정도다.

이처럼 급속하게 '현금 없는 사회'로 바뀌게 되면, 당연히 '돈을 찍어내는 인쇄소'라 불리던 조폐공사는 위기를 맞이하게 될 것이다. 하지만 조폐공사는 지금 디지털 혁신의 최전선에서 새로운 성장동력을 키워가고 있다.

조폐공사의 디지털 트랜스포메이션

화폐의 발행이 급속도록 줄어드는 상황에서, 조폐공사 직원들은 위기극복을 위해 머리를 맞대고 고민을 했다.

Q. 우리가 가장 잘하는 것은 무엇인가?

A. 신뢰성 높은 정교한 인쇄다!

Q. 그것이 어디에 필요한가?

A. 수표나 상품권 같은 유가증권인데, 그건 이미 하고 있고 최근에 새로 5만 원권 찍으면서 10만 원짜리 수표 발행이 크게 줄었다.

Q. 추가로 정교한 인쇄가 필요한 곳은 없을까?

A. 이제는 전 국민이 여권을 가지고 있고 10년에 한 번씩 갱신을 하기 때문에 큰 시장이다.

감성에 디지털을 입혀라

Q. 어느 기관이 발행하고 있는가?

A. 외교통상부인데 어떻게든 협상을 해보자!

조폐공사의 새로 부임한 사장이 직접 나서서 부처 간 협상을 한 결과 다행히도 여권인쇄를 이관받을 수 있게 되었는데, 갑자기 해외에서 위조여권 문제 등이 불거져 전자여권으로 가는 것으로 정부의 방침이 바뀌었다. '닭 쫓던 개 지붕 쳐다보는 꼴'이 될 수도 있는 상황에서, 조폐공사는 큰 결단을 내렸다. 전자기술과는 전혀 인연이 없는 공공기관이 직접 전자여권을 발행하겠다고 결정하고 ID본부를 출범시킨 것이다.

여러 가지 우여곡절 끝에 전자여권을 성공적으로 발행할 수 있는 기술을 확보한 조폐공사는, 다시 이 기술을 적용할 부분을 찾았다. 먼저 공무원 신분증 등 고도의 보안이 요구되는 신분증 분야로 사업을 확대해 나갔고, 또 위·변조 방지 기술을 활용해 특수 보안용지와 특수잉크도 생산뿐 아니라 시큐리티 보안사업에 진출했다. 이러한 기술을 해외에 수출도 하는 등 그야말로 가장 모범적인 디지털 트랜스포메이션으로 신시장을 개척한 사례를 만들었다. 그 결과 2018년에는 매출액 4806억 원, 영업 이익 95억 원을 기록해 6년

연속 사상 최대 실적을 거두고 있다

　2017년부터는 신사업 아이템으로 블록체인 기술을 정하고 '블록체인 사업팀'을 꾸려 '전자화폐' 등 미래 대응을 준비하고 있다. 성공체험을 한 공사 직원들은 "과거의 조폐공사는 지폐와 주화 생산이 주력사업이었지만 이제는 세계 최고 수준의 위·변조 방지기술을 활용한 새로운 사업영역을 개척하고 있다. 블록체인을 활용한 위·변조 방지 기술을 더욱 확대해나갈 것"이라고 자신있게 말하고 있다.

　앞으로 조폐공사의 타깃은 전 세계의 보안시장이다. 디지털 트랜

디지털 기반으로 화폐 · 인증 · 보안시장 진출

출처: 한국조폐공사

감성에 디지털을 입혀라

스포메이션 시대, 블록체인은 이제 모든 현실에 적용되는 범용기술이 될 수 있다고 생각하기 때문이다.

불황이 IT를 만나면? '타임즈 카 플러스^{TCP}'

공유경제가 일반화 되면서 가장 대표적인 사업으로 부각됐지만 여러 곳에서 사회적 갈등도 불러일으키고 있는 것이 카쉐어링 사업이다. 일본에서 운전을 하거나 거리를 다니다 보면 노란 바탕에 타임즈라는 글씨와 붉은 색의 24h가 쓰인 간판을 자주 볼 수 있다. 2015년 기준 타임즈의 주차장 수는 전국에 1만 5000개로 편의점인 세븐일레븐의 점포수와 맞먹을 정도인데, 이 타임즈 카쉐어링은 예전에는 주차장 사업을 하던 회사였다.

과거로 돌아가 보면, 1990년대 초반 거품경제가 꺼지면서 일본의 장기불황이 시작되기 전까지 18세 이상 청년이 되면 가장 먼저 하는 일이 운전면허를 따는 일이었다. 하지만 일본의 불황이 장기화되면서 자동차를 새로 구입하는 사람들이 크게 줄게 됐고, 특히 도시에 사는 젊은 층의 차량 구매 수요는 크게 떨어진다.

'타임즈 카 플러스^{TCP}'는 원래 일본 내 약 9000여 개의 주차장을 보유하고 있었고, 1990년대 초부터는 24시간 시간제 주차장을 도쿄 우에노에 오픈했다. 이후 자신들이 확보하고 있는 주차장 공간이라는 인프라를 기반으로, 공유경제가 일반화되기 전인 2005년 카쉐어링 사업에 본격적으로 진출했다.

주차장을 카쉐어링 기지로

감성에 디지털을 입혀라

주차장이 공유경제 만나 폭발적 성장

고객들은 자신의 주거지에서 가까운 타임즈 주차장으로 가서 타임즈 카쉐어링용 자동차를 예약해 사용함에 따라 주차료 부담도, 세금이나 보험에 대한 부담이 없어진 것이다. '타임즈 카 플러스^{TCP}'는 이처럼 불황기에 차량을 소유하는 것이 아닌 공유하는 시스템을 도입해 엄청난 성장을 거뒀다. 마치 한국에서 IMF 시절에 고가의 정수기가 안 팔려 해결책으로 재고물량을 가지고 렌탈 사업을 시작했다가 대박을 냈던 것과 비슷한 사례이다.

여기에 스마트폰이라는 디지털 기기가 접목되면서, '타임즈 카 플러스^{TCP}'는 폭발적인 성장을 했다. 스마트폰을 통해 어디에 이용할 수 있는 차량이 있는지 확인한 뒤 바로 예약할 수 있는데, 타임즈 카쉐어링 서비스는 무인시스템으로 24시간 365일 대여가 가능하다는 장점이 있고 스마트폰으로 바로 예약과 취소, 연장 등이 가능하다. 또 시간 단위뿐 아니라 15분 단위로도 빌릴 수 있다. 게다가 BMW, 미니, 골프, 아우디, 마쯔다 등 다양한 차종을 보유하고 있어 새로운 차종을 체험하고 경험해보고 싶어 하는 밀레니얼 고객들로부터 큰 호응을 얻고 있다.

주차장이라는 공간을 기반으로 디지털 환경에 적합한 새로운 비
즈니스모델을 만들어 낸 것이다. 이처럼 지금 우리 기업의 핵심 사
업영역에 디지털을 접목시킨다면 빠르게 신시장을 개척해낼 수 있
을 것이다.

(4) 디지털 혁신으로 경영효율을 획기적으로 개선한다

2009년 일본의 대표 항공사인 JAL이 엄청난 적자에 시달리며 부도
위기에 몰렸다. 대형 여객기를 과도하게 띄우고, 무리한 지방 공항
운행을 했을 뿐 아니라 정치인들이 경영에 간섭하는 등 여러 가지
가 원인으로 지목됐다. 미국의 신용평가 회사 '스탠더드 앤드 푸어
스'는 JAL의 신용등급을 '선택적 채무 불이행SD'으로 강등시켰고
결국 JAL은 상장폐지가 되었다.

이 때 남몰래 표정관리를 하고 있던 기업이 있었다. 바로 2위 항
공사인 전일본공수ANA항공이었다. 우리나라로 치면 만일 대한항공
이 부도가 나면 아시아나항공으로 고객이 몰리게 되는 상황이 될
것이기 때문이다. 하지만 ANA는 하필 이 중요한 시기에 여러 가

감성에 디지털을 입혀라

지 품질문제가 발생하면서 절호의 기회를 놓치게 된다. 연료누출과 조종석 창문에 금이 가는 결함 등 정비불량 사고가 잇따르는 한편, 2016년 초에는 엔진결함으로 출발지인 쿠알라룸푸르에 회항하는 사태도 빚어졌다. JAL의 대안이 되어 줄 것으로 기대했던 고객들은 실망했고 안전에 대한 불안감으로 ANA는 일본의 대표 항공사가 될 기회를 놓치고 만 것이다.

디지털을 활용한 항공안전도 향상 프로젝트

2016년 하반기 ANA는 본격적으로 항공기 결함예방을 위한 새로운 정비 프로그램을 도입하기 시작했다. ANA는 '항공안전도 향상'을 경영목표로 삼았고, 이를 달성하기 위한 핵심직군은 바로 5000여 명에 달하는 정비사들이었다.

예전에는 후배 정비사들이 선배 정비사들의 어깨 너머로 기술과 경험을 배우곤 했다. 하지만 항공기가 디지털화 되면서 고장이 잘 나지도 않을 뿐더러, 그 고장이 눈으로 잘 보이지 않게 됐다. 즉, 예전처럼 어깨 너머로 배울 수 있는 OJT 기회가 좀처럼 없어진 것이다. 그리고 신입직원이 고장을 발견하더라도 누구에게 도움을 받아야 할지 알 수가 없었다.

이러한 문제를 해결하기 위해, ANA는 먼저 정비사 5000여 명의 기술과 경험, 문제해결 역량, 멘탈 등 정비와 관련된 모든 역량을 데이터베이스화하기 시작했다. 이를 통해 5000명의 정비역량을 가시화하고 엔지니어 개개인의 육성 플랜을 수립하도록 했다.

ANA항공 FE 육성과 보유역량 가시화 프로세스

먼저 아래 5개 분야에 대한 종합판정 결과 기준 레벨에 도달된 자에게는 사내 자격증인 'Field Engineer[FE]'가 부여되도록 하는 'FE 육성프로그램'을 도입하였다.

1. 인간력(커뮤니케이션 능력, 마인드셋) - 인·적성 진단
2. 항공기 기술·지식 - 국가자격증 등

감성에 디지털을 입혀라

3. 항공오퍼레이션 능력 – 활동경험

4. 문제해결 실천능력 – 역량진단 및 활동경험

5. 글로벌, 디지털 대응력 – 어학력 및 활동경험

5개 카테고리 별로 갖추어야 할 역량을 정의하고, 역량강화를 위해 실시한 활동이나 경험 등을 등록하게 함으로써 현재 보유한 역량을 가시화하는 시스템을 도입한 것이다. 각 정비사들은 본인이 분야별로 교육을 이수하거나 실제 팀정비를 통해 OJT 받은 내용과 정비경험 등을 시스템에 등록하고, 관리자가 그 내용을 확인해보고 승인을 해주면, 정비사 개개인의 보유역량이 원형의 게이지로 표시되어 가시화되는 시스템이다.

일례로 5명의 정비사가 함께 팀 정비를 할 경우, 서로의 자격이나 경력, 보유 스킬, 경험 등을 클라우드 환경의 공유시스템에서 실시간으로 확인할 수 있게 했다. 따라서 각각의 역량에 맞추어 역할을 분담하거나 지도를 할 수 있게 됨으로써 인재육성에 따른 정비품질의 획기적인 향상이 이루어질 수 있었다.

이렇게 ANA는 정비사 모두의 역량정보를 파악하고 공유해, 정비사들을 목표로 하는 엔지니어로 육성할 수 있도록 지원하는 클

Field Engineer 육성과 보유역량 가시화

학습 내용 입력   이수현황 승인   보유역량 가시화

정비사   팀장   전 직원

라우드 기반의 텔런트 매니지먼트 시스템을 도입한 것이다.

그 결과 항공안전도 관점에서 놀라운 성과를 거둘 수 있었다. JACDEC(독일)에서 평가하며 60위까지만 발표하는 항공사 안전도 순위Airline Safety Ranking에서 도입 전인 2015년에는 18위였으나, 도입 2년 만에 7단계나 상승해 11위로 크게 향상된 것이다. 참고로 이 순위에서 2016년 기준 대한항공이 51위, 아시아나항공이 47위였다.

감성에 디지털을 입혀라

IT 접목해 '가격 경쟁력' 유지

일본 후쿠오카에서 가장 싼 마트로 꼽히는 '트라이얼' 슈퍼센터. 트라이얼은 후쿠오카에 본사를 둔 대형할인점으로 전국에 200개 이상의 점포를 보유할 정도로 급성장한 기업이다.

트라이얼은 온라인 쇼핑몰의 보급이 확대되자 인터넷에서 사기 어려운 신선식품과 도시락 제품을 공략했다. 일반 '편의점 도시락'을 생각해선 안 된다. 이곳 도시락의 맛은 교토 고급 요정 등에서 근무한 경험이 있는 전문 요리사를 영입해 품질을 높였다. 하지만 가격은 IT 기술을 활용해 인건비 등 비용을 최대한 절감시켜 299엔 이라는 초저가를 유지하고 있다.

트라이얼은 인건비 등 비용을 절약시키기 위해 IT 기술을 적극적으로 활용했는데, 트라이얼 매장에 가면 쇼핑카트에 바코드와 태블릿이 부착돼 있는 것을 볼 수 있다. 상품을 고객이 직접 바코드로 찍으면 카트에 부착된 태블릿에 바로 가격과 제품정보가 뜨는데, 구매 버튼을 누르면 전용 선불카드로 셀프 계산이 가능하다. 고객들은 계산대에 줄을 설 필요가 없고, 트라이얼은 인건비를 크게 줄일 수 있는 원원 전략인 것이다. IT기술을 접목시켜 저렴한 가격을 유지하면서도 높은 품질로 고객을 끌어당기고 있는 것이다.

최첨단 사물인터넷^{IoT} 기술의 활용

또한 트라이얼은 최근 일본의 첫 심야 무인마트 '트라이얼퀵'을 오픈했다. 오후 10시부터 오전 5시까지는 직원이 근무하지 않는다. 최첨단 사물인터넷^{IoT} 기술을 도입해 야간에 직원 없이 운영하는 24시간 슈퍼마켓이다. 이 곳에는 30cm 간격으로 200여 대의 AI카메라가 천장에 설치돼 있어 도난을 막고 고객을 분석하는데 활용하고 있다. AI카메라를 통해 고객의 성별과 연령, 주요 방문시간 대 등을 실시간으로 분석해 제품의 진열과 재고관리 등에 활용하고 있다.

아마존이 아마존고라는 무인 편의점을 오픈했고, 일본에서는 일부 편의점 등 소형 점포에서 무인매장이 운영되기는 했지만, 중대형 규모의 무인마트는 이곳이 처음이다.

이 곳에선 밤 10시 직원들이 철수하면 문이 잠기고 그때부턴 고

감성에 디지털을 입혀라

객들이 스마트폰이나 전용 회원카드로 직접 문을 열고 들어와 카트에 부착된 바코드와 태블릿을 이용해 스스로 결제하는 구조로 바뀐다. 물론 이 카트 사용을 위해서는 먼저 회원 전용 스마트폰 앱이나 회원 카드가 필요하다. 그리고 카드에 미리 돈을 충전해놓아야 태블릿 결제가 가능하다.

트라이얼이 무인점포에 공을 들이는 이유는 고객의 라이프 스타일의 변화와 인건비 상승이 주요 이유다. 야간에 방문하는 고객이 늘어나는데, 늦게까지 직원이 근무하거나 심야시간 직원을 상주시키려면 인건비 부담이 크기 때문이다. 인건비를 줄이다 보니 상품 가격은 기존 할인마트보다 20~70% 정도 더 저렴하다. 물론 초기 투자비용은 적지 않지만 장기적으로 봤을 때 인건비 절감효과 등으로 인해 비용을 40% 이상 낮출 수 있을 것으로 예상하고 있다.

트라이얼은 2019년에도 무인점포 10곳을 추가 출점한 뒤 장기적으로는 야간만큼은 모든 점포를 무인화 하겠다는 게 목표다.

경영을 하면서 대비해야 할 3가지 과제가 있다. 현안과제, 개선과제, 예측과제가 그것인데, 최근에는 시장이 급격하게 바뀌면서 예측과제가 더욱 중요시되고 있다. 생존을 걸고 미래를 대비하기 위해서는 더 이상 디지털 트랜스포메이션에 대한 투자를 망설여서는 안 된다. 모든 일은 조직과 사람, 예산이 있어야 제대로 몰입할 수 있다. 기독교에는 소득의 10분의 1을 교회에 헌금을 하는 실입조라는 규율이 있다. 나는 경영에도 십일조가 필요하다고 생각한다. 적어도 임원 중 한 명, 이익의 10분 1은 디지털 혁신에 투입하여 미래를 대비하도록 해야 한다.

산업별로 차이는 있겠지만 디지털을 혁신의 도구로 활용하여 그 혜택을 '누릴 것인가', 아니면 제 때 대응하지 못하고 디지털 파고에 휩쓸려 '눌릴 것인가'하는 것은 우리의 준비여하에 달려 있다.

격변의 시대, 감성에 디지털을 입히는 전략적 균형감각을 잃지 말아야 할 것이다.

감성에 디지털을 입혀라

성공적인 사람들이 행하는 일을
지속적으로 끈덕지게 행한다면,
세상의 그 어떤 것도 당신이
성공적인 인물이 되는 것을 막지 못한다.

_브라이언 트레이시 컨설턴트

5장

'대박 레시피'와
스마트 실행관리

요즘 '백종원의 골목식당' 같은 TV 프로그램이 인기지만, 십여 년 전 이미 SBS 프로그램 중에 '대박집, 쪽박집'이라는 방송이 있었다. 꽤 인기가 있었던 방송으로 기억된다. 방송 콘셉트는 같은 업종의 쪽박집과 대박집을 비교해서 보여주고, 쪽박집 사장이 일주일 동안 대박집에 와서 주방일과 경영노하우를 배운 후, SBS와 대박집 사장님의 지원 하에 새로 개업을 하는 것이다. 방송을 통한 사회공헌 프로젝트의 일환이었는데, TV 프로그램인 터라 대부분 성공적으로 재창업하는 모습으로 마무리된다. 하지만 나는 이 프로그램을 재미있게 보면서도 과연 6개월 후, 1년 후에도 쪽박집이 제대로 운영되고 있을지가 궁금했다. 단 일주일 동안 대박 레시피를 완전히 배워서 몸에 익히기 힘들 뿐더러, 사람의 사고와 행동이 그렇게 쉽게 바뀌기가 힘들기 때문이다.

성공하는 기업이나 가게에는 이유가 있다. 항상 고객으로 문전성시를 이루는 대박집에 가 보면, 그 집에는 남들이 쉽게 흉내 낼 수 없는 그들만의 노하우나 경영자의 특별한 행동특성이 있다. 나는 이것을 '대박 레시피'라 부르려 한다. 그런데 설사 이 대박 레시피를 알려준다 해도, 지속적으로 실천을 안 하면 아무런 소용이 없다. 다이어트에 실패하는 사람들이 방법을 몰라서겠는가. 꾸준히 실천하고 습관화하기 어렵기 때문인 것과 마찬가지다.

지금과 같은 불황기에 가장 효과적으로 매장의 경쟁력을 올리는 방법은, 동종업종의 대박 레시피, 즉 대박집 사장님의 행동특성을 제품(서비스)관리, 매장관리, 고객관리, 직원관리 등의 측면에서 구체적으로 벤치마킹하여 그 사례대로 실천을 하도록 하는 것이다. 한두 번 흉내를 내는 것이 아니라 완전히 체화될 때까지 꾸준히 실행할 수 있도록 클라우드 환경의 디지털 솔루션을 도입해서 체계적으로 실행관리를 하는 것이 중요하다. 일본에서 이러한 방법으로 매장을 지도하여 단기간에 실적을 개선시키는 것으로 급성장한 컨

감성에 디지털을 입혀라

설팅 회사가 있는데, 3개월 내 실적이 개선되지 않으면 돈을 안 받겠다고 큰 소리 치면서 매장을 지도하고 있다. 이 후나이종합연구소의 '답을 가지고 하는 매장지도'의 사례와 방법도 같이 알아보기로 하자.

벤치마킹의 정석

우리가 매장을 오픈하려고 하든, 사업을 시작하든 대부분 먼저 하는 것이 성공한 매장을 돌며 체험도 해보고 관찰을 하는 일이다. 그런데 이러한 '벤치마킹' 과정을 치밀한 준비와 계획 없이 대충 알아보고 성급하게 창업을 시도하는 사람들이 의외로 많다. 그러고 나서는 영업이 잘 안 되면 경기 탓, 경쟁업체 탓을 한다. 하지만 남 탓하기에 앞서 만일 동종 업종의 대박집을 100곳쯤 가보고, 또 직접 그곳에서 1년 이상 일을 해보고 창업을 했다면 실패 확률을 크게 줄일 수 있었을 것이다.

그런데 이러한 벤치마킹에도 정석이 있다. 많은 기업들이 경영

혁신을 추진하면서 선진 사례를 벤치마킹해 그 성공방정식을 도입하고자 하는데, 벤치마킹은 우수기업의 '성공사례 그냥 따라하기'가 돼서는 안 된다. 그 기업이 그만큼의 성과를 내기까지의 내부 프로세스와 직원들의 역량, 경영진의 관심 등 많은 과정과 여건을 모른 채, 그 방법론만 보고 도입을 하면 실패할 확률이 높기 때문이다.

한때 전 세계적으로 도요타 생산방식이 큰 관심을 모은 적이 있었는데, 그 중 유명한 것이 JIT^{Just In Time}이라는 재고관리 방식이었다. 작업에 필요한 부품을 미리 구입해 창고에 쌓아놓는 것까지 낭비로 정의하고, 그때그때 필요한 부품만 현장에 실시간으로 투입되도록 하는 것이다. 당시 도요타에서 연수를 끝내고 닛산자동차에도 갈 기회가 있었는데, 일행 중 한 명이 닛산의 현장 관리자에게 "당신들은 왜 JIT를 안 하느냐"고 물은 적이 있다. 닛산의 답은 간단했다. "그건 도요타니까 가능한 것이고, 닛산에는 닛산의 방식이 있다"는 것이다. 전략이 다르고, 문화가 다르고, 가장 큰 것은 역량이 다른데 무조건 좋은 성과를 내는 방식이라 해서 그대로 따라하려 하면 오히려 스텝이 엉키게 된다는 얘기다. 따라서 반드시 도입을 하고 싶은 우수사례가 있으면, 먼저 우리에게 맞도록 조율하는 과

감성에 디지털을 입혀라

정이 꼭 필요하다.

인재영입에 있어서도 마찬가지다. 한때 급성장한 모 그룹에서 삼성의 임원들을 대거 스카우트해 전체 임원의 30%까지 채운 일이 있었다. '관리의 삼성'이라는 말이 있듯 이제는 시스템경영이 필요하다고 판단해 삼성식 경영을 벤치마킹하고자 과감한 결단을 내린 것이다. 결과적으로 말하면, 그 과정에는 많은 우여곡절이 있었겠지만 기대했던 만큼의 성과를 거두지는 못했다는 것이 중론이다. 직원들의 업무 스타일과 조직문화가 다르고 역량의 차이가 나는 상황에서 임원들이 바뀌고 지시형태가 바뀐다 해서 그리 간단히 조직이 변하지 않기 때문이다.

그렇다고 벤치마킹이 필요 없다는 말이 아니다. 새로운 시도를 하거나 한계를 극복함에 있어서 성공사례에서 얻을 수 있는 인사이트는 매우 가치 있는 것으로, 무엇보다도 검증된 성과가 있다는 것이 추진의 큰 동력이 될 수 있다. 따라서 나에게 도움이 되는 벤치마킹을 하려고 한다면 충분한 준비와 전략이 필요하다.

벤치마킹의 첫 단계는 '지피지기면 백전불패知彼知己百戰不敗'라고 했듯, 먼저 내가 무엇이 부족한지를 파악하는 것이다. 만약 공장의 생산성이 떨어진다면 생산성이 높은 회사가 어딘지를 알아본 후,

이 분야의 선도기업을 찾아가야 한다. 혁신에 성공했다는 일류기업에 가서 무용담을 듣듯이 성공사례를 듣고 따라하려고 할 것이 아니라, 먼저 나를 돌아보고 나의 부족한 점을 명확히 정의한 다음, 그 분야에서 잘 하는 곳이 어딘지를 찾아 벤치마킹하는 게 순서다.

두 번째, 나에게 필요한 부분의 벤치마킹 포인트를 입체적으로 분석해 보는 것이다. 같은 업종의 매장이라 하더라도 상권과 고객 유형, 점포의 규모가 다르면, 세일즈 포인트가 달라진다. 같은 은행의 지점이라 해도 아파트 밀집지역의 주부들을 상대로 하는 영업과 상가지역에서 상인들을 대상으로 하는 영업, 산업단지 내의 기업에 하는 영업의 스타일이 다른 것과 마찬가지다. 또한 가능하다면 실패사례를 알아볼 수 있으면 좋다. 성공한 매장에서도 시행착오가 있었을 것이고 그것을 어떻게 극복했는지가 훨씬 중요한 포인트일 수도 있다. 즉, 고객구성과 매장 환경, 직원 역량 등 관점에서 우리와 무엇이 다른지 그럼에도 의미가 있는지 등을 세밀히 분석해 봐야 한다.

세 번째는 철저한 실행계획 수립이다. 아무리 좋은 사례라도 나에게 익숙해질 때까지 시간과 노력이 필요하다. 따라서 체계적인 실천계획 수립과 실행관리를 위한 적절한 도구를 활용하는 것이

감성에 디지털을 입혀라

도움이 된다. 매일 매일 실행여부와 진척도를 가시화하여 공유함으로써 꾸준한 실천을 독려하는 상황을 만드는 것이다.

미로에도 지름길이 있다

또 한 가지 방법은 이異업종 벤치마킹이다. 예전에 하이닉스반도체 사장님을 비롯한 하이닉스반도체 임원진, 노조위원장 등과 함께 도요타 벤치마킹을 간 적이 있었다. 그때 사장님이 임원들에게 "반도체 회사가 자동차 회사에 와서 볼 게 무엇이냐?"라는 질문을 한 적이 있었다. 이들이 자동차 회사에 와서 보고자 한 것은 그들의 R&D 전략이었다. 이업종 벤치마킹은 다른 시각으로 현상을 볼 수 있어서, 오히려 창의적인 아이디어 발현에 도움을 얻을 수 있다. 당시 벤치마킹에서는 주로 도요타 연구원들의 사무생산성 향상을 눈여겨봤다. 그 중 하나가 R&D 분야 연구원들의 머릿속에 있는 연구계획이나 방법론, 진행현황 등의 정보를 연구원 전원이 공유할 수 있도록 가시화하는 시스템이었는데, 귀국하여 바로 하이닉스 연구소에 적용을 했다.

그리고 사내 벤치마킹도 적극적으로 활용해 볼만 하다. 예를 들어, 영업팀을 들여다보면, 항상 좋은 성과를 보이는 직원이 있고 늘 평균을 밑도는 직원들이 있게 마련이다. 즉, 같은 회사의 같은 브랜드 상품을 가지고 같은 조건에서 영업을 하는 데도 큰 차이가 있다. 이때 사내 우수사원들의 활동패턴을 분석해 골든 룰로 만들고, 이 것을 바탕으로 영업팀원 전체의 그라운드룰을 만드는 것이다.

'IMF 때도 이렇지 않았다', '막막하고 길이 안 보인다.'

최근 소상공인들이 장사가 안 되는 심경을 이렇게들 토로하고 있는데, 지금과 같은 상황에서도 잘 되는 집은 잘 된다. 마치 길이 없어 보이는 꽉 막힌 미로에도 길이 있고, 더구나 지름길이 있다 는 것이다. 이처럼 동종업종 벤치마킹, 이업종 벤치마킹, 사내 벤치마킹 등을 잘 활용한다면 미로 속에도 지름길을 찾아갈 수 있을 것이다.

감성에 디지털을 입혀라

매뉴얼대로 하면 매출이 오를까?

프랜차이즈 사업을 일명 '복제 사업'이라고 말하는 사람들도 있다. 사업의 방식이 성공한 직영점의 노하우를 가맹점들에 그대로 전수해 성공할 수 있도록 도와주는 방식이기 때문이다. 한마디로 대박집 노하우를 가맹점들이 그대로 벤치마킹해 운영하는 방식이다. 그런데 똑같은 매뉴얼을 갖고 프랜차이즈 매장을 창업해도 대박집이 있고, 쪽박집이 있다. 그 차이는 무엇일까.

일반적으로 프랜차이즈 본사에서는 가맹점이나 대리점 교육을 실시하고, 일정 과정을 이수하면 가맹점을 오픈시켜 준다. 가맹점 오픈 이후에는 회사마다 명칭은 다르지만 사내 컨설턴트나, 숍마스터, 수퍼바이저, 현장지도팀 등이 방문해 체크를 한다. 가맹점들이 매뉴얼대로 잘 하고 있는지, 잘 못하고 있는지를 관리하는 것이다.

하지만 가맹점주 입장에서 중요한 것은 지금과 같은 시장에서 매뉴얼대로 열심히만 하면 매출이 오르느냐 하는 것이다. 매출에 도움이 되지 않는 현장지도는 점주 입장에서는 의미가 없다. 그럼에도 불구하고 현장지도팀은 매장을 방문해서 자신들이 만든 매뉴얼을 바탕으로 각 매장을 평가하고 개선해야 할 사항을 잔뜩 늘어

놓고 간다. 그야말로 배고픈 사람에게 '돈 있으면 빵 사먹으라'는 얘기와 다를 바 없다. 이러한 '지적질'은 전혀 상황개선에 도움이 안 됨에도 불구하고, 본사 차원에서는 점당 매출이 줄게 되면 가맹점에 대한 관리를 강화한다는 취지 하에 순회지도를 실시한다.

하지만 이러한 노력의 성과가 별로 크지 않을 것이라고 생각되는 가장 큰 이유는, 과연 이 상황에서 사내 컨설턴트가 어떤 답을 줄 수 있느냐하는 것에 의문이 들기 때문이다.

나는 컨설턴트를 '법인이나 조직을 치료하는 의사'라 정의한다. 의사에는 명의도 있지만 그야말로 돌팔이도 있다. 명의가 되기 위해서는 크게 두 가지가 필요한데, 투철한 사명감은 기본이고 첫 번째가 진단역량, 두 번째가 처방역량이다. 잘못된 치료는 먼저 오진에서부터 시작된다. 대부분의 의사들이 자신의 지식과 임상경험을 토대로 진단을 하는데, 초기 암의 오진율이 50%에 달한다는 통계가 말해 주듯, 개인이 가지고 있는 임상경험으로는 초기단계의 암을 찾아내기가 쉽지 않다. 따라서 IBM의 왓슨과 같은 의료용 AI의 도움을 받아 정확도를 높여가고 있는 것이다.

사내컨설턴트들이 현장을 진단할 때도 마찬가지다. 문제는 아는 만큼 보인다는 것이다. 또한 자신이 전문성을 가지고 있는 부분만

감성에 디지털을 입혀라

을 더 디테일하게 보는 경향이 있다. 따라서 제대로 된 진단을 하려면 의료용 AI 왓슨과 같이 체계적이고 검증된 진단모델을 가지고 하도록 해야 한다.

또한 의사가 처방을 할 때를 보면 명의는 환자의 심리적, 육체적 상태까지 고려해 수술을 할 건지, 투약이나 운동요법을 할 건지를 판단해 최적의 처방을 한다. 수술을 할 경우에도 최근에는 의료용 로봇 등 첨단기기를 적절히 활용한다.

같은 맥락에서 사내 컨설턴트들이 문제 매장의 매출부진이라는 증상에 대해 처방을 하려면, 여러 가지 진단결과를 토대로 가장 급하면서도 가장 효과적인 답을 줄 수 있어야 한다. 그런데 직접 매장을 운영해 본 경험이 부족한 입장에서, 매뉴얼에 나온 대로 FM적인 지도를 하려 들면 점주들이 반발을 한다. '내가 이 사업 10년째인데 누가 누굴 가르치려 드느냐'는 것이다. '백종원의 골목식당' 프로그램을 보면 주인아주머니가 백종원의 말을 안 듣고 대드는 경우를 본다. 하지만 이러한 아주머니도 대박집 사장님 말에는 일단 수긍을 한다. 이처럼 사내 컨설턴트들이 제대로 역할을 하고 인정을 받으려면, 지금 이 시장에서 대박을 내고 있는 사장님들의 노하우와 행동특성을 많이 알고 있어야 한다. 그런데 개인 차원에서 이러한 베스트 프랙티스BP를 모으고 숙지하기에는 한계가 있다.

따라서 본사에서 현장지도에 내보낼 때에는 제대로 된 진단모델과 '대박 레시피'를 마련해 줘야, 실질적인 매출증가에 도움이 되는 컨설팅이 가능해지는 것이다.

답을 갖고 하는 불황에 강한 컨설팅

일본은 잃어버린 20년 동안의 장기불황 동안 수많은 컨설팅 회사들도 문을 닫았다. 그런데 오히려 이 시기에 매년 20% 이상씩 급성장한 컨설팅 회사가 있다. 그 주인공은 바로 후나이종합연구소다. 1970년 오사카에서 창업한 마케팅 전문 컨설팅 회사였는데 지금은 도쿄증권거래소에 상장이 된 일본 최대의 컨설팅 회사로 성장했다.

나는 후나이종합연구소가 불황에도 급성장한 비결이 궁금해서 후나이를 직접 방문해 대표이사와 면담을 해 보았다. 그들의 성장 전략도 궁금했으나 좋은 프로그램이 있으면 한국에 도입하여 같이 컨설팅을 해보자고 제안을 할 생각이었다.

감성에 디지털을 입혀라

먼저 나는 후나이 측에 "최근 급성장을 하고 있는데 어떤 상품을 어떤 방식으로 개발을 합니까"라고 물었다. 그러자 후나이 사장은 "우리는 역량이 부족해서, 건방지게 개발을 하려 들지 않습니다. 우리는 발견을 합니다"라는 대답을 했다. 순간 잘 이해가 안 되었지만, 방문하기 전 자료수집을 위해 들어가 봤던 후나이종합연구소의 홈페이지에 쓰인 문구가 생각났다.

'업계·업종별 답이 여기 있습니다'

매년 20% 이상 성장한 후나이종합연구소

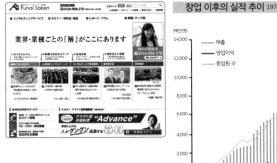
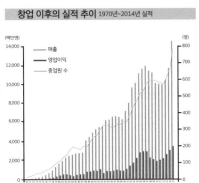

후나이는 KMAC와는 다르게 업종별 컨설팅을 하는 회사다. 업종별로 백종원 씨 같은 분야별 전문컨설턴트와 해당 업종의 BP사례를 정리한 '대박 레시피'를 가지고, 20년 장기 불황기에 단기간에 영업을 활성화시키는 컨설팅을 하여 큰 실적을 올리고 있었다.

컨설팅 상품을 발견한다는 것은 다음과 같은 이치다. 예를 들어 주유소를 컨설팅하는 상품을 개발하려고 하면, 주유소 업계에서 10년 정도 근무해 이 시장과 사업구조를 어느 정도 이해하고 있는 사람을 컨설턴트로 채용을 한다. 그리고 전국의 주유소 중 대박을 내고 있는 주유소 100군데를 방문해 후나이 고유의 진단모델을 가지고 모니터링, 인터뷰, 관찰 등을 통해 '대박 레시피'를 발견하는 일을 시킨다. 일명 '백건발견百件發見'이라는 활동인데, 이러한 활동을 통해 약 150개 업종의 성공방정식인 대박 레시피를 발굴하는 것이었다.

앞에서도 언급했지만 업종은 여러 가지여도 대부분의 대박 레시피는 4가지 유형으로 구분하여 정리를 한다. 상품관리, 매장관리, 고객관리, 직원관리 등이 그것인데, 이 네 가지 유형으로 업종별 대박집의 사례를 분석해 지금 이 시장에서 대박을 내고 있는 사장님들의 행동특성이라는 답을 가지고 그 분야의 전문가가 컨설팅을

감성에 디지털을 입혀라

후나이 모델 프로세스

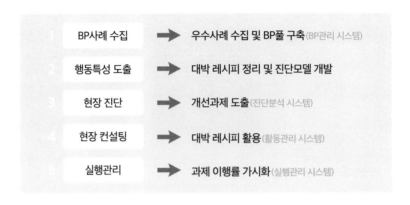

1	BP사례 수집	➡ 우수사례 수집 및 BP풀 구축 (BP관리 시스템)
2	행동특성 도출	➡ 대박 레시피 정리 및 진단모델 개발
3	현장 진단	➡ 개선과제 도출 (진단분석 시스템)
4	현장 컨설팅	➡ 대박 레시피 활용 (활동관리 시스템)
5	실행관리	➡ 과제 이행률 가시화 (실행관리 시스템)

진행한다. 따라서 단기간에 실적을 개선시켜줄 수 있다는 것이다.

나는 백건발견에서 수집한 BP사례를 어떻게 정리하고 활용하는 지가 가장 궁금했다. 왜냐하면 한국의 각 기업에서도 우수사례 발표대회나 매장별, 상황별 우수사례 수집활동을 활발하게 하고 있고, 그 사례를 각 매장과 공유하는 활동을 하고 있다. 하지만 후나이 모델에서 차이가 나는 것은 그냥 BP사례를 분류해서 모으는 것이 아니라, 그 사례에서 특징적인 행동특성을 찾는다는 점이었다. 대박집 사장님들은 학습을 통해 익혔든 경험에서 나오는 행동이든

행동특성 도출 및 진단문항 설계

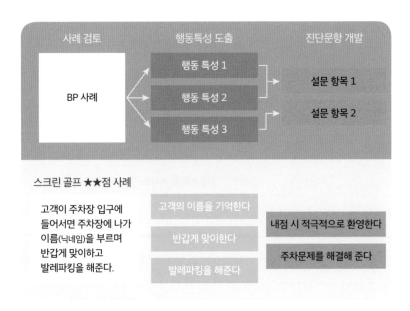

아니면 태생적으로 감을 갖고 있는 것이든 특징적인 행동을 한다. "왜 그렇게 하느냐"고 물으면, "그냥 한다"고 말하지만, 관찰하는 입장에서는 그러한 행동특성이 부진 점주의 행동을 바꾸는 기준이 되기 때문에 중요한 포인트가 된다.

그렇다면 '행동특성'을 어떻게 정리할까. 원주에 있는 한 스크린

감성에 디지털을 입혀라

골프장의 사례를 들어보자. 이 곳 사장님은 창업 몇년 만에 그 건물을 살 정도로 대박이 났다고 한다. 같은 브랜드의 스크린 골프장을 하는 사장님들이 어떻게 원주에서 그렇게 대박을 낼 수 있었는지 무척 궁금해 했다. 그래서 그 스크린 골프장 주인의 행동특성을 관찰해 봤더니, 예를 들어 고객을 맞이하는 단계에서는, 외부 모니터를 보고 있다가 고객이 차를 몰고 들어오면 주차장까지 나가 고객의 이름을 부르며 반갑게 맞이하고 발레파킹을 해준다는 것이다.

행동특성으로 분류하면 3가지로 나눌 수 있다. 첫째, 고객의 이름을 기억한다. 둘째, 반갑게 맞이한다. 셋째, 발레파킹을 해준다 등이다. 이것을 진단문항 형태로 바꾸면,

1) 고객이 방문하면 적극적으로 환영한다, 2) 주차문제를 해결해 준다로 정리할 수 있다.

이렇게 해서 대박집 행동특성을 기준으로 한 진단모델을 만들면, 그러한 행동을 하는지 안 하는지 'Yes, No'로 답을 하게 하여 대박집과 비교분석을 할 수 있게 된다.

대박집 대비 문제점포의 진단 결과를 레이더 차트로 표시해 보면 부족한 부분을 간단히 발견할 수 있고, 그 부분을 어떻게 개선하는 것이 바람직한지는 고민하지 않아도 된다. 왜냐하면 대박집의

후나이모델 진단 분석 시스템

진단 항목 → 진단 프로그램 → 진단 실시

결과 리포트 ← 결과 분석 ← 집계

사례가 있기 때문이다.

컨설턴트는 진단 결과와 점포의 고객구성이나 여건, 점주의 의식이나 실천 역량 등을 감안해 최우선 개선과제를 선정하고, BP사례 풀에서 가장 적합한 유형을 골라 실행을 하도록 지도를 하면 되는 것이다.

그리고 컨설턴트의 가장 중요한 역할이 또 하나 있다. 그것은 지

감성에 디지털을 입혀라

도한 대로 대리점주가 꾸준히 실행을 하도록 체계적이고 집요한
실행관리를 하는 것이다.

미용실을 컨설팅한다면

정부가 중소기업청聽을 부部로 격상시키면서까지 중소기업의 경쟁
력 강화와 소상공인의 경영개선을 최우선 과제로 삼고 그간 많은
예산을 투입하여 지원정책을 펴고 있다. 그러나 현장에서 실제 중
소기업 경영자나 소상공인들이 느끼는 정책만족도는 기대에 못 미
치고 있다. 예를 들어 신용보증기금, 소상공인시장진흥공단, 각 지
역의 소상공인 지원센터, 나아가서는 각 금융기관에 이르기까지 창
업자금이나 운영자금 지원을 해주고, 경영이 잘 되어야 지원금을
회수를 할 수 있다는 취지에서 일명 '경영지원 컨설팅'을 실시하고
있다.

그런데 대부분 기관에 등록된 컨설턴트들의 스펙을 보면, 대학교
수나 창업컨설턴트, 중소기업 경영지도사, 은퇴한 대기업 임원 등

나름대로 각 분야에서 전문성을 가지고 있는 인력들이지만, 지도를 해야 할 기업의 업종이 너무 다양하고 영세해서 일반적인 경영기법이나 이론으로는 실질적인 도움을 줄 수 없다는 것이 현실적인 문제다.

사실 교수님이 미용실에 가서 얼마나 문제를 정확히 파악해 무엇을 컨설팅 할 수 있을지, 또 공장장 출신의 전직 임원이 꽃가게에 가서 무슨 지도를 해서 매출을 바로 오르게 할 수 있을지가 궁금하다.

나는 현재 지자체 출연기관의 경영평가에 평가위원으로 참석을

소상공인 경영진단 모델

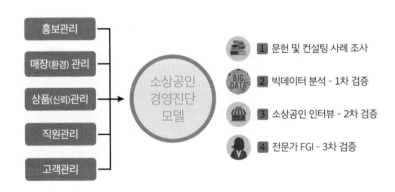

감성에 디지털을 입혀라

하고 있는데, 소상공인 지원기관에 가면 항상 컨설턴트 명단과 그간 실시한 컨설팅 지도일지를 요구해서 내용을 확인해 본다. 예상했던 대로 대부분 겉돌고 있다는 느낌이 들고, 실제로 소상공인들의 만족도도 매우 낮은 편이다. 물론 소상공인 경영지원 컨설팅 사업의 필요성과 취지에는 충분히 공감을 하고 일부 성과도 나고 있지만, 가장 큰 문제는 컨설턴트들의 업종별 전문성이 없다는 점이다.

이러한 문제를 해결하기 위해 중소기업부의 시범사업으로, 후나이 컨설팅 모델을 적용시켰다. 시범사업 대상 업종으로는 매장수도 많고 창업, 폐업률이 높은 미용업으로 정했다.

우선 미용업과 관련된 BP풀 구축을 위해, 홍보관리, 매장(환경)관리, 상품(신뢰)관리, 직원관리, 고객관리 등 5개 영역으로 나누어, 전국의 우수 미용실을 지역별, 규모별, 상권별로 방문하여 BP사례 100건을 수집했다. 그리고 BP사례에서 우수 원장님들의 행동특성을 도출하여 모델검증 등을 통해 최종적으로 5개 분야 26개 항목의 진단모델을 만들었다.

그리고 각 진단항목과 연계하여 BP사례를 분류한 후 BP풀에 등록시켜, 진단 결과 취약한 부분이 도출되면 바로 그 부분의 답이 될

진단결과 및 BP 사례 활용

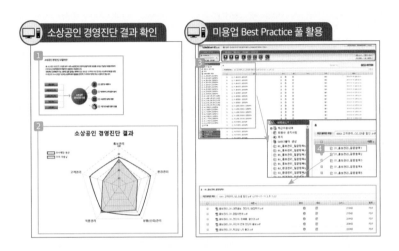

수 있는 관련 BP사례가 연계되어 검색이 될 수 있도록 했다. 그리고 이 진단모델과 BP풀을 컨설턴트들에게 전수해 주는 교육을 실시하였다.

소상공인시장진흥공단에 등록된 컨설턴트 중, 이전에 이미용업 컨설팅 경험이 있는 컨설턴트 21명을 대상으로 전수교육을 실시한 결과 교육만족도가 5점 만점에 4.95점이 나올 정도로 반응이 뜨거

감성에 디지털을 입혀라

웠다. 특히 상세한 부분까지 알기에는 한계가 있는 업종이 많았는데, 이제는 체계적으로 진단할 수 있는 진단 툴이 생긴 것과, 분야별로 지도할 때 활용할 수 있는 BP사례가 100개 이상 정리되어 제공된다는 점에 고마움을 표했다.

이러한 사례에서 보듯, 현재 각 기업의 사내 컨설턴트들도 진단역량과 처방역량을 보완할 수 있는 시스템 구축이 절실히 필요한 상황이다.

성패의 갈림길, 실행관리

전국의 파리바게트 매장의 점주역량강화 프로젝트를 했을 때 일이다. 비슷한 콘셉트로 전국 우수매장 대리점주의 행동을 분석해 '성공하는 점주의 10가지 습관'을 만들었다. 이것을 전국 대리점에 배포하고 점주교육을 실시한 후, 매일 아침 조회 때마다 '오늘은 10가지 습관 중 특히 몇 번을 집중적으로 실천하는 날'이라고 정하고 점주와 직원이 같이 실천하도록 했는데 초기에는 반응이 좋았다.

스마트 실행관리 프로세스

그러나 이 프로젝트는 결국 소기의 성과를 거두지 못했다. 지속적인 실행관리에 실패했기 때문이다. 이러한 실패는 많은 기업에서 경험을 했을 것으로 생각되는데, 마치 다이어트에 실패하고 요요현

감성에 디지털을 입혀라

상으로 고생하는 것과 비슷한 현상이다. 대박집 점주는 대박나게 행동하고, 쪽박집 점주는 쪽박나게 행동하는데 그 중 하나가 '알고도 안 하는 것'이다.

후나이도 많은 시행착오를 통해, 프로젝트 성공의 핵심은 노하우의 공유가 아니라 꾸준한 실행관리로 체화될 때까지 관리하여 정착시키는 것이라는 결론을 내렸다. 그래서 초기에는 실행관리를 전담하는 직원들을 따로 뽑아 수시로 실천여부를 모니터링 하도록 했다. 계획대로 실천을 안 하거나 근거자료를 등록하지 않는 점주가 있으면, 영상통화를 하거나 필요하면 방문을 해서라도 반드시 계획대로 실행을 하게 만드는 미션을 주었다. 그러나 최근에는 이 부분에 디지털 솔루션을 활용하고 있다.

클라우드 환경의 스마트 실행관리

요즘 국내 많은 기업들도 행동패턴 관리에 디지털과 AI기술을 적극 활용하고 있다. 예를 들면 삼성화재의 경우 고객의 건강관리를 돕는 전용 앱인 '마이헬스노트'와 '애니핏'을 개발했는데, 당뇨 고객이라면 매일 모바일 앱에 혈당, 식사, 운동 등 평소 생활습관을 기록하면 이것을 바탕으로 맞춤형 메시지를 제공하는 서비스다. 애니핏은 건강증진을 위한 행동패턴 관리 앱으로 걷기나 달리기, 등산 등 운동 목표를 달성하면 포인트를 지급하는 앱의 일종이다. 단순히 당뇨가 있으면 이러한 식이요법을 하고, 이러한 운동을 하라는 일방적이고 일회적인 메시지가 아니라, 고객이 매일 활동을 기록하고 이를 분석해 적합한 메시지 서비스를 해준다는 것이다. 이처럼 행동패턴 관리는 성공적인 실행에 있어 매우 중요하다.

실제로 뚱뚱한 사람일수록 다이어트 방법론에는 해박한 사람들이 많다. 그러나 이들이 다이어트 방법을 몰라서 실패할까? 덴마크다이어트, 해독주스다이어트, 검은콩다이어트 등 다양한 식이요법뿐 아니라 어떤 운동을 해야 살이 빠지는지 모르는 게 없는 데도 정작 살은 안 빠지는 것이다. 결국 목표달성을 위해서는 각종 디지털기기 등을 활용해서 행동을 가시화하고 이러한 행동패턴을 지속적으로 관리하는 게 핵심이다.

클라우드 환경의 진척도 관리를 하는 로그북이라는 프로그램의 활용사례를 살펴보자. 컨설턴트가 문제 진단과 처방을 통해 BP사

감성에 디지털을 입혀라

레 중 몇 가지 개선활동을 하도록 지도를 하고 그 실천계획을 수립했다. 과제와 시기, 목표 등을 시스템에 등록하면 점주가 약속한 기일까지 활동한 내용을 클라우드 환경에서 스마트폰을 통해 사진이나 문서 등을 발송한다. 그러면 컨설턴트가 내용을 확인하고 계획대로 진행이 된 경우 승인을 하면, 이번 프로젝트의 과제 진척도를 나타내는 데시보드에 나타난 게이지의 눈금이 올라가게 된다. 이런 방식으로 과제별 진행현황이 가시화되어 리얼타임으로 공유할 수 있게 됨으로써, 스마트 실행관리가 가능해진 것이다.

정리를 해보면, 지금처럼 내수시장이 침체된 환경에서는, 후나이 종합연구소가 실시한 '백건발견'과 '스마트 실행관리'가 단기간에 성과를 향상시키는 매우 효과적인 방법이 될 수 있을 것이라 생각한다.

특히 지점이나 대리점, 가맹점 등을 관리하는 기업의 경우, 사내의 대박집 사례를 모아 BP풀을 만들고, 대박집 점주들의 행동특성을 도출한 후 그것을 토대로 진단모델을 만들어 체계적인 현장진단을 실시하는 것이 중요하다. 그리고 진단결과 도출된 개선과제에 대한 지도를 할 때, 앞에서 구축해 놓은 BP풀을 활용해 점포 환경

BP사례 실행관리 시스템

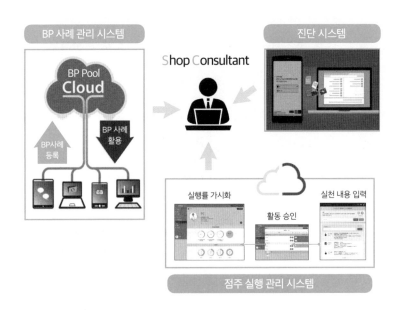

이나 고객특성, 점주의 성향 등을 고려하여 맞춤형 지도를 하는 것이다.

마지막으로 가장 중요한 것이 바로 실행관리다. 컨설팅을 진행한 내용대로 점주가 지속적으로 실천할 수 있도록 관리하고 지원하는 '실행관리 시스템' 구축이 필요하다.

감성에 디지털을 입혀라

과거에는 이러한 시스템 구축을 위해서는 고액의 개발 비용이 들었으나, 요즘은 저렴하게 사용할 수 있는 클라우드 솔루션이 있어 훨씬 부담없이 효과적으로 관리를 할 수 있게 되었다.

집토끼와
산토끼

오랜 기간 컨설팅 프로젝트나 경영자 커뮤니티를 통해 많은 최고경영자들과 교류를 할 기회가 있었는데, 그 중에는 그룹 오너인 회장님들도 계셨다. 각기 훌륭한 경영철학과 남다른 추진력으로 기업을 이끌고 계시는 분들이지만, 그 중에서도 신창재 교보생명 회장님의 말씀은 늘 기억에 남는다. 신 회장님은 서울대학교병원에 의사로 계시다가 부친의 뒤를 이어 교보생명의 경영자가 되셨고, 경영을 맡게 된 초기에 프로젝트를 통해 신 회장님을 뵙게 됐다. 그때 고객만족에 대한 신 회장님의 개념정의는 간단명료하면서도 매우 설득력이 있었다. 취임하고 1년이 지난 시점에서 자문교수님들과 함께 식사를 하는 자리에서 들은 이야기다.

감성에 디지털을 입혀라

"오너 입장에서 가장 고마운 직원은 자산가치를 높여주는 사람인데, 아무리 생각을 해 봐도 생명보험회사에서 가장 큰 자산은 고객이라는 생각이 들었습니다. 그래서 각 부문 대표들이 보고를 하러 들어오면, 저야 보험이나 경영에 대한 지식과 경험이 아직 부족한 상황이라 수고했다고 칭찬을 하고 나서, 이렇게 묻곤 했어요. '그렇게 하면 고객들에게 뭐가 좋아지죠? 그러면 고객들이 불편한 게 없어지나요?'하고요. 나는 내 자산(고객)만 챙겼습니다. 그랬더니 다음부터 보고할 때, 이번에 상품을 개발했는데 고객에게 어떤 혜택이 가고 그 결과 이렇게 성과가 났다는 식으로 보고 순서가 달라지더군요. 저는 일 년 동안 내 돈(고객)만 챙겼는데 배가 똑바로 가더라고요."

그러한 경영철학은 '평생 든든 서비스'라는 획기적인 활동으로 이어졌다. 설계사들은 13개월 차 이후에는 기존 고객으로 인한 수익이 거의 없어지기 때문에 기존 고객에게 별로 관심이 없다. 그런 상황에서 교보생명은 설계사들에게 수수료를 지불해 가며, 기존 고객들을 정기적으로 방문하게 했다. 고객에게 가입한 보험의 보장내용을 다시 설명해 주고, 혹시 그간 사고가 있었는데 보장받지 못한 게 있으면 챙겨주도록 한 것이다. 그것도 잠시 이벤트를 한 것이 아니었다. 3년 간 무려 210만 명의 고객을 600만 번 이상 찾아갔고, 그 결과 고객들이 미처 찾지 못한 3만 여 건, 180억 원에 달하는 보험금을 찾아준 것이다. 어찌 보면 180억 원의 순손실이 생긴 것일 수도 있지만 결과적으로는 경영성과가 좋아졌다. 이러한 노력에 감동한 고객들이 계속 유지를 해주고 추가로 보험을 들어, 2년 이상 보험유지율이 10% 이상 향상되고 신규가입도 늘어나는 성과를 거뒀기 때문이다.

그때 신 회장님이 직원들을 설득한 논리가 '집토끼론'이었다. 예전에는 뒷산에 산토끼가 많아서 한 번 나가면 몇 마리씩 쉽게 잡아왔지만, 이제는 산토끼도 별로 없는데 오히려 사냥꾼들이 많아져 토끼 한 마리 잡기도 힘들어졌다는 것이다. 결국 살 길은 집토끼를 잘 키워 새끼를 치고 늘리는 것이라는 이론이다. 이제는 집토끼 즉, 기존 고객의 가치를 다시 인식하고 기존 고객 유지에 집중을 해야 함을 강조한 말이다.

감성에 디지털을 입혀라

어선(경영방식)을 어떻게 바꿀 것인가

세상이 숨가쁘게 변하고 있다. 과거의 변화 속도와는 비교가 안 될 정도로, 계속해서 새로운 기술과 비즈니스 모델이 등장하고 있다. 이제까지 보지 못했던 신개념의 상품과 서비스가 제공되면서 고객들의 행동과 가치기준에도 큰 변화가 일어나고 있다. 또한 밀레니얼 세대로 대변되는 신인류가 가장 강력한 구매력을 가진 세력으로 부상하면서, 모든 기업들이 기존 고객 유지와 신규 고객 확보라는 두 마리 토끼를 모두 잡아야 하는 상황에 직면하고 있다.

나는 이 책에서 크게 4가지 관점에서 문제를 제기하고, 그 해법을 사례를 통해 제시하고자 했다.

첫 번째가 '조류가 바뀌면 어종이 바뀌고, 어종이 바뀌면 어선을 바꿔야 한다'는 경영혁신의 필요성과 방향성에 대한 이야기였다. 우선 대부분의 전문가가 예상하는 장기 불황의 시장상황과 디지털 트랜스포메이션이라는 커다란 조류의 변화를 직시해야 한다. 그리고 이러한 조류의 변화에 따라 나타나고 있는 어종의 변화, 즉 과거와는 달라지고 있는 기존 고객과, 기존과는 가치기준이 다른 신규 고객을 제대로 이해해야 한다. 그리고 명태는 그물로 잡지만 오징어는 집광등을 달고 낚시로 잡아야 하듯, 어종이 달라졌으면 과거의 경영방식(어선)을 새로운 어종(고객)에 맞춰 바꿔야 한다는 것이다.

두 번째는 변화하고 있는 기존의 고객(집토끼)에게 선택받기 위해서는, 왜 계속 우리를 선택하는 것이 현명한지를 설명할 수 있어야 한다. 나는 그 방법으로 '필연성'을 높이는 방법 5가지를 사례를 통해 제시했다. 먼저 디지털화를 추진하기 전에, 변화하는 환경에서도 기존의 강점(감성)이 경쟁력이 있도록 더욱 강화하는 활동이 필요하다.

상품을 팔려고 하면 아마존을 이길 수 없다. 따라서 상품만이 아닌 온라인에서는 못 느낄 특별한 가치를 제공해야 한다. 그리고 고객의 니즈Needs, 원츠Wants, 라이크Like까지 파악해 페인 포인트Pain Point를 찾고 이를 해결해줘야 고객에게 감동을 줄 수 있다. 또한 오프라인만이 가질 수 있는 최대의 무기인 '혼이 담긴 서비스와 전문성을 가진 인적응대'로 경쟁해야 한다. 마지막으로 관행과 상식의 틀을 깨고 이제까지 없었던 새로운 형태의 서비스로 오프라인 매장을 방문하는 즐거움을 주라는 것이다.

감성에 디지털을 입혀라

세 번째는, 누구도 부정할 수도 외면할 수도 없는 디지털 혁신이라는 큰 과제를 어떻게 해결해 갈 것인가에 대한 방향과 방법을 제시하고자 했다. 첨단 기술과 막대한 자본력을 바탕으로 새로운 생태계를 만들어가고 있는 디지털 선도기업을 추종하고 모방해서는 종속될 수밖에 없다. 앞에서 말했듯 우리만의 강점을 더욱 키우고 거기에 디지털을 입히는 방식으로 활용하자는 것이다.

AI가 사람의 일자리를 빼앗은 것이 아니라, AI를 활용하는 사람이 그렇지 못한 사람의 일자리를 빼앗을 것이라 했다. 이제는 디지털 기술의 활용은 기업경영에 있어 선택이 아니라 필수다. 그러한 활용방법을 4가지 유형의 사례를 통해 알아봤다. 우선, HR 빅데이터를 활용하여 직원들의 역량을 가시화하고, 이를 베이스로 적재적소에 인력을 배치해 최적의 맞춤형 서비스를 제공하는 방법이다. 또 하나는, 온라인과 오프라인의 구분 없이 고객들이 방문할 수 있도록 채널을 통합해 온라이프 채널을 구축하는 것이다.

또한 최근 가장 관심이 높은 주제로, 디지털 솔루션을 활용해 새로운 비즈니스 모델을 창출하는 것이다. 조폐공사나 타임즈 카 플러스TCP와 같이 기존의 자신들의 강점을 베이스로 디지털을 활용하면 새로운 사업을 창출할 수 있다는 것이다.

마지막으로 디지털 솔루션을 활용하여 경영효율을 극대화하는 방법이다. 정비사의 역량개발의 진척상황을 가시화하여 항공안전도를 획기적으로 향상시킨 사례 등에서, 기업의 당면과제 해결에 디지털 솔루션이 크게 도움을 줄 수 있음을 확인하였다.

한편, 마지막 장에서는 후나이종합연구소의 '답을 갖고 하는 컨설팅'을 소개했다. 나는 잠시 후나이 모델에 대한 소개를, 감성에 디지털을 입히는 전략을 소개한 4장에 포함시키는 게 어떨까 고민을 했다. 먼저 오프라인 관점에서 매장의 경쟁력을 높이고, 그 성과를 높이고 지속시키기 위해 디지털을 활용한 실행관리 시스템을 운영하고 있기 때문이다. 하지만 3장, 4장과는 내용 면에서 결이 다를 뿐 아니라 지금과 같은 불황에 독자들에게도 매우 유용한 방법론을 제공한다는 점에서 별도로 소개하는 게 더 도움이 될 것으로 기대했다.

특히 다수의 오프라인 매장이나 대리점을 관리하는 기업에서는, 대박집 100곳을 방문하여 '대박 레시피'를 찾아 쪽박집을 지도하는 이러한 방식을 활용하면 큰 도움이 될 수 있을 것이다. 사내 우수점포의 행동특성을 모아 부진한 점포의 활성화에 적용시키고, 지속적으로 실천하도록 하는 '스마트 실행관리 시스템'을 구축해 보기를 강력히 권유한다. 이는 지금처럼 내수경기의 침체가 장기화될 조짐을 보이는 상황에서 불황에 특히 효과가 있음이 증명된 방법이기 때문이다.

위기는 위험과 기회의 준말이라 한다. 하지만 위험은 모두에게 닥치지만 기회는 준비된 자에게만 주어진다. 불황과 디지털 혁신이라는 두 개의 파고가 기업의 생존을 위협하고 있는 지금의 상황에서, 파도에 휩쓸리지 않고 새로운 모멘텀을 만드는 기회로 삼으려면 파도에 올라타야 한다. 다시 한 번 강조하지만, 우리는 지금 기로에 서 있다.

디지털 트랜스포메이션, 눌릴 것인가 누릴 것인가. 당연히 우리의 답은 감성에 디지털을 입히는 방법으로 누리는 것이 되어야 할 것이다.

감성에 디지털을 입혀라

초판 1쇄 인쇄 2019년 8월 12일
초판 1쇄 발행 2019년 8월 16일

지 은 이 오진영
발 행 인 김종립
발 행 처 KMAC
편 집 장 김종운
책임편집 최주한
홍보·마케팅 김선정, 박예진, 이동언
디 자 인 이든디자인
출판등록 1991년 10월 15일 제1991-000016호
주   소 서울 영등포구 여의공원로 101, 8층
문의전화 02-3786-0752 **팩스** 02-3786-0107
홈페이지 http://kmacbook.kmac.co.kr

ⓒKMAC, 2019
ISBN 978-89-90701-09-1 03320

값 16,000원

이 도서의 국립중앙도서관 출판예정도서목록(CIP)은 서지정보유통지원시스템 홈페이지(http://seoji.nl.go.kr)와
국가자료공동목록시스템(http://www.nl.go.kr/kolisnet)에서 이용하실 수 있습니다.(CIP제어번호:CIP2019030679)